novum premium

Mahmud Majid

DEUTSCH
PLUS EINS

novum premium

Bibliografische Information
der Deutschen Nationalbibliothek:

Die Deutsche Nationalbibliothek
verzeichnet diese Publikation in
der Deutschen Nationalbibliografie.
Detaillierte bibliografische Daten
sind im Internet über
http://www.d-nb.de abrufbar.

ISBN 978-3-903861-28-2
Lektorat: Bianca Brenner
Umschlagfoto:
Norbert Buchholz | Dreamstime.com
Umschlaggestaltung, Layout & Satz:
novum Verlag

Gedruckt in der Europäischen Union
auf umweltfreundlichem, chlor- und
säurefrei gebleichtem Papier.

www.novumverlag.com

Inhaltsverzeichnis

1 Meine Frage/Ihre Antwort

Frage: Wie heißen Sie?

. . . .

Antwort: Ich heiße . . . .

Frage: Woher kommen Sie?

. . . .

Antwort: Ich komme aus. . . . .

Frage: Seit wann sind Sie in Deutschland?

. . . .

Antwort: Ich bin seit zwei Jahren in Deutschland.

. . . .

Ich bin seit einem Jahr in Deutschland.

. . . .

Ich bin seit einer Woche in Deutschland.

. . . .

Frage: Sind Sie schon lange in Deutschland?

. . . .

Antwort: Ja, ich bin seit fünfzehn Jahren in Deutschland.

. . . .

Nein, ich bin erst seit drei Monaten in der Bundesrepublik Deutschland.

. . . .

. . . .

Frage: Wie alt sind Sie?

. . . .

Antwort: Ich bin . . . . Jahre alt.

Frage: Wo wohnen Sie?

. . . .

Antwort: Ich wohne in . . . .

Frage: Würden Sie mir Ihre Postleitzahl sagen?

. . . .

Antwort: Ja, meine Postleitzahl ist . . . .

Frage: Wie ist Ihre Anschrift?

. . . .

Antwort: Meine Anschrift ist . . . .

Frage: Wie ist Ihre Adresse?

. . . .

Antwort: Meine Adresse ist . . . .

Frage: Sind Sie verheiratet?

. . . .

Antwort: Ja, ich bin verheiratet und habe drei Kinder.

. . . .

. . . .

Antwort: Nein, ich bin verheiratet.

. . . .

Frage: Wie alt sind Ihre Kinder?

. . . .

Antwort: Meine Kinder sind . . . . und

. . . . Jahre alt.

Frage: Wie ist Ihr Familienstand?

. . . .

Antwort: Ich bin ledig.

. . . .

Ich bin verlobt.

. . . .

Ich bin geschieden.

. . . .

Ich bin Witwe. Ich bin Witwer.

. . . .

Ich lebe getrennt. Wir leben nicht zusammen.

. . . .

. . . .

Frage: Was sind Sie von Beruf?

. . . .

Antwort: Ich bin . . . .

. . . . von Beruf.

Frage: Was machen Sie beruflich?

. . . .

Antwort: Ich bin Bäcker/Lehrer/Arzt/Dozent/Automechaniker/Zimmermädchen/Koch.

. . . .

. . . .

Frage: Sind Sie berufstätig?

. . . .

Antwort: Ja, ich bin berufstätig.

. . . .

Nein, ich bin zurzeit arbeitslos.

. . . .

Nein, ich kriege Arbeitslosengeld 2/1.

. . . .

Nein, ich möchte arbeiten.

. . . .

Frage: Was machen Sie denn?

. . . .

Antwort: Ich arbeite als Schneiderin/Köchin/Maurer/Taxifahrer/Hausmeister/Verkäufer.

. . . .

. . . .

Frage: Arbeiten Sie?

. . . .

Antwort: Ja, ich bin selbstständig.

. . . .

Ja, ich habe eine eigene Pizzeria.

. . . .

Ja, ich arbeite in einer Firma.

. . . .

Ja, ich habe eine feste Arbeitsstelle.

. . . .

Ja, ich bin in einer Teilzeitbeschäftigung.

. . . .

Ja, ich arbeite stundenweise.

. . . .

Nein, ich mache ein Praktikum.

. . . .

Ja, ich arbeite vormittags.

. . . .

Nein, ich bin Frührentner. Nein, ich bin Frührentnerin.

. . . .

Nein, ich bekomme Grundsicherung.

. . . .

Nein, ich bin arbeitsunfähig.

. . . .

Nein, ich arbeite im Moment nicht.

. . . .

Frage: Wie sind Sie erreichbar?

. . . .

Antwort: Das ist meine Handynummer.

. . . .

Das ist auch meine E-Mail-Adresse.

. . . .

Frage: Haben Sie einen Führerschein?

. . . .

Antwort: Nein, ich habe keinen Führerschein.

. . . .

Ja, ich habe den Führerschein B.

. . . .

Frage: Was ist Ihre Muttersprache?

. . . .

Antwort: Meine Muttersprache ist. . . . .

Ich spreche auch . . . . und

. . . .

Ich bin zweisprachig aufgewachsen.

. . . .

Frage: Haben Sie Verwandte oder Bekannte in Deutschland?

. . . .

. . . .

Antwort: Ja, ich habe Verwandte und auch Bekannte in Deutschland.

. . . .

Frage: Sprechen Sie gut Deutsch?

. . . .

Antwort: Nein, ich spreche nicht gut Deutsch. Ich kann auch nicht gut lesen.

. . . .

. . . .

Frage: Was sind Ihre Zukunftspläne?

. . . .

Antwort: Ich habe viele Zukunftspläne.

. . . .

Ich möchte zuerst meine Sprachkenntnisse verbessern, dann möchte ich arbeiten.

. . . .

. . . .

Ich möchte meinen Führerschein machen.

. . . .

Ich möchte Geld sparen und ein Auto kaufen.

. . . .

Ich möchte heiraten. Ich möchte mein Leben genießen.

. . . .

Ich möchte eine andere Wohnung suchen.

. . . .

Ich möchte neue Sachen kaufen. Ich möchte eine neue Einbauküche haben.

. . . .

. . . .

Ich möchte mindestens einmal im Jahr Urlaub machen.

. . . .

Ich möchte viel Zeit mit meiner Familie verbringen.

. . . .

Ich möchte meine Hobbys pflegen.

. . . .

Das sind meine Zukunftspläne.

. . . .

Mein Blatt

. . . .

. . . .

. . . .

. . . .

. . . .

. . . .

. . . .

. . . .

. . . .

. . . .

. . . .

. . . .

. . . .

. . . .

. . . .

. . . .

. . . .

. . . .

. . . .

. . . .

Sätze in den Vergangenheitsformen

Ich habe am 02. 02. 2002 mein Heimatland verlassen.

. . . .

Ich war ledig, aber ich hatte eine Freundin.

. . . .

Ich habe im Sommer 1992 geheiratet.

. . . .

Wir hatten keine Heiratsurkunde.

. . . .

Ich bin seit 2010 verheiratet.

. . . .

Mein Vater ist gestorben. Meine Mutter hat uns erzogen.

. . . .

Sie war Witwe. Mein Vater war körperlich behindert.

. . . .

Ich bin am 10. 12. 1992 geboren. Ich bin in Teheran geboren.

. . . .

. . . .

Ich wurde in einer kleinen Stadt geboren. Unsere Stadt hatte nur dreitausend Einwohner.

. . . .

. . . .

Wir wohnten in einem Dorf. Wir waren zufrieden.

. . . .

Ich hatte keinen Führerschein.

. . . .

Ich habe im letzten Jahr ein Auto gekauft. Das Auto war teuer.

. . . .

. . . .

Ich arbeitete als Automechaniker.

. . . .

Meine Mutter hat als Schneiderin gearbeitet.

. . . .

Es ging uns finanziell gut. Wir hatten keine Schwierigkeiten.

. . . .

. . . .

Ich wurde politisch verfolgt und musste mein Heimatland verlassen.

. . . .

Ich durfte leider nicht zur Schule gehen.

. . . .

Ich bin nur fünf Jahre zur Schule gegangen.

. . . .

Ich habe Medizin, Jura, Wirtschaft, Ingenieurswesen, Soziologie und Psychologie studiert.

. . . .

. . . .

Ich hatte keinen Beruf. Ich war staatenlos.

. . . .

Ich habe keine Möglichkeit gehabt.

. . . .

Ich habe mein Heimatland illegal verlassen.

. . . .

Ich habe einen eigenen Obst- und Gemüseladen gehabt.

. . . .

Wir hatten Ackerland und ein Restaurant.

. . . .

Alle Familienmitglieder haben gearbeitet.

. . . .

Ich habe eine Ausbildung zum Industriemechaniker gemacht.

. . . .

. . . .

Ich konnte krankheitsbedingt nicht mehr arbeiten.

. . . .

Ich war arbeitsunfähig. Eine Arbeitsstelle habe ich nicht gefunden.

. . . .

. . . .

Wir haben früher zusammengewohnt.

. . . .

Meine Frau hat sich nur um unsere Kinder gekümmert.

. . . .

Mein Blatt

2 Eine telefonische Terminvereinbarung

Frage: Kann ich bitte einen Termin haben?

. . . .

Antwort: Ja, Sie können einen Termin haben. Ich muss zuerst nachschauen.

. . . .

. . . .

Frage: Wann können Sie kommen?

. . . .

Antwort: Ich möchte am nächsten Dienstag um 10:45 Uhr kommen.

. . . .

. . . .

Frage: Können Sie auch später kommen?

. . . .

Antwort: Ja, ich kann auch gegen 16:00 Uhr kommen.

. . . .

Frage: Wie ist Ihr Name?

. . . .

Antwort: Mein Name ist. . . . .

Frage: Könnten Sie mir bitte Ihren Namen buchstabieren?

. . . .

. . . .

Antwort: Ja, es sind nur vier Buchstaben.

. . . .

Frage: Sind Sie schon mal bei uns gewesen?

. . . .

Antwort: Nein, das ist das erste Mal.

. . . .

Ich danke Ihnen.

. . . .

3 Der Arzt und der Patient

Frage: Was kann ich für Sie tun?

. . . .

Antwort: Ich fühle mich schlapp, müde und kraftlos.

. . . .

Frage: Seit wann fühlen Sie sich unwohl?

. . . .

Antwort: Ich fühle mich seit gestern nicht wohl.

. . . .

Frage: Können Sie bitte den Oberkörper freimachen?

. . . .

Sie müssen einmal einatmen. Sie können wieder ausatmen.

. . . .

. . . .

Frage: Haben Sie auch Fieber?

. . . .

Antwort: Ja, ich habe immer noch Fieber.

. . . .

Sie können sich wieder anziehen.

. . . .

Ich schreibe Ihnen ein Schmerzmittel auf.

. . . .

Kommen Sie bitte nächste Woche zur Blutabnahme.

. . . .

Frage: Sind Sie berufstätig?

. . . .

Antwort: Ja, ich arbeite in einer Firma.

. . . .

Sie bekommen eine Krankmeldung von mir.

. . . .

Sie müssen sich eine Woche ausruhen.

. . . .

Frage: Darf ich nicht arbeiten?

. . . .

Antwort: Nein, Sie dürfen nicht arbeiten.

. . . .

Ich danke Ihnen.

. . . .

Ich wünsche Ihnen eine gute Besserung . (Auch oft verkürzt: Gute Besserung wünsche ich Ihnen!/Gute Besserung!)

. . . .

. . . .

Mein Blatt

4 Die Frauenärztin und die Patientin

Frage: Was führt Sie zu mir?

. . . .

Antwort: Mir ist schwindelig, und ich fühle mich unwohl.

. . . .

. . . .

Frage: Nehmen Sie irgendwelche Tabletten?

. . . .

Antwort: Nein, ich nehme keine Tabletten.

. . . .

Ich rauche auch nicht.

. . . .

Frage: Wann war Ihre letzte Menstruation?

. . . .

Antwort: Vor ungefähr sieben Wochen war meine letzte Menstruation.

. . . .

. . . .

Ich muss den Urin untersuchen.

. . . .

Sie können kurz ins Wartezimmer gehen. Sie werden gleich aufgerufen.

. . . .

. . . .

Ich gratuliere Ihnen. Sie sind schwanger.

. . . .

Sie bekommen von uns weitere Informationen.

. . . .

Sie kriegen einen anderen Termin.

. . . .

Ihr nächster Termin ist am . . . .

Falls Sie zu dem Termin nicht kommen können, rufen Sie bitte rechtzeitig an.

. . . .

Ich bedanke mich.

. . . .

5 Ein dringender Arztbesuch

Frage: Wie ist Ihr Name?

. . . .

Antwort: Mein Name ist . . . .

Frage: Wann ist Ihr Termin?

. . . .

Antwort: Ich habe keinen festen Termin, aber ich habe gerade angerufen.

. . . .

. . . .

Frage: Dauert das lange?

. . . .

Antwort: Das weiß ich nicht.

. . . .

Sie müssen mit mehr Wartezeit rechnen.

. . . .

Das ist doch kein Problem.

. . . .

Gehen Sie bitte ins Wartezimmer.

. . . .

Sie werden aufgerufen.

. . . .

6 Das Gespräch im Behandlungszimmer

Frage: Was haben Sie denn?

....

Antwort: Mir geht es schlecht.

....

Frage: Soll ich Ihnen aufzählen, wo es mir wehtut?

....

Antwort: Wenn Sie möchten, können Sie es gerne aufzählen.

....

....

Ich habe Halsschmerzen und Schnupfen. Meine Nase blutet.

....

....

Meine Nase läuft. Ich habe auch Fieber.

....

Mein Magen tut weh und knurrt manchmal.

....

Ich esse pausenlos. Ich bin nie satt.

. . . .

Meine Beine tun auch weh.

. . . .

Ich habe Kopfschmerzen. Mein Hals juckt.

. . . .

Ich muss ständig meine Nase putzen.

. . . .

Ich huste beim Rauchen und kann nicht atmen.

. . . .

Ich habe Rückenschmerzen.

. . . .

Wenn ich mich bewege, kriege ich dolle Schmerzen.

. . . .

Meine Blase brennt. Ich habe Blähungen.

. . . .

Mein Ellbogen tut auch weh.

. . . .

Ich kriege ab und zu Kreislaufstörungen.

. . . .

Mein Nacken ist manchmal steif.

. . . .

Ich habe auch Bauchschmerzen.

. . . .

Ich habe oft Verstopfung.

. . . .

Ich habe Bluthochdruck. Ich bin Diabetiker.

. . . .

Mein Puls ist unregelmäßig.

. . . .

Frage: Fällt Ihnen noch was ein?

. . . .

Antwort: Ja, ich habe großen Hunger.

. . . .

Frage: Was essen Sie normalerweise?

. . . .

Antwort: Ich esse Süßigkeiten, fetthaltige Nahrung, Fertigprodukte und natürlich auch andere Sachen.

. . . .

. . . .

Ich esse selten Gemüse und Obst.

. . . .

Ich treibe nie Sport.

. . . .

Ich trinke zu allen Mahlzeiten Cola, Fanta und Säfte.

. . . .

. . . .

Ich passe sehr gut auf mich auf.

. . . .

Ich esse alles, was mein Herz begehrt.

. . . .

Frage: Können Sie bitte Ihre Augen zukneifen?

. . . .

Antwort: Das kann ich wohl machen.

. . . .

Frage: Kann ich jetzt nach Hause gehen?

. . . .

Antwort: Sie müssen sofort ins Krankenhaus.

. . . .

Frage: Darf ich meine Tasche mitnehmen?

. . . .

Antwort: Ja, Sie dürfen Ihre Tasche mitnehmen.

. . . .

Frage: Was haben Sie in der Tasche?

. . . .

Antwort: Ich habe ein Stück Kuchen, eine Pizza und zwei Flaschen Fanta.

. . . .

. . . .

Frage: Was? Was ist mit Ihnen los?

. . . .

Ich bin sprachlos.

. . . .

Ich möchte ein Glas Wasser.

. . . .

Ich muss mich ausruhen.

. . . .

Mein Blatt

. . . .

. . . .

. . . .

. . . .

. . . .

. . . .

. . . .

. . . .

. . . .

. . . .

. . . .

. . . .

. . . .

. . . .

. . . .

. . . .

. . . .

. . . .

. . . .

. . . .

7 Das Krankenhaus

Frage: Muss ich ins Krankenhaus?

. . . .

Antwort: Ja, Sie müssen dort behandelt werden.

. . . .

Frage: Was soll ich mitnehmen?

. . . .

Antwort: Sie müssen bitte eine aktuelle Überweisung mitnehmen.

. . . .

. . . .

Zur stationären Aufnahme müssen Sie auch alle Röntgenbilder mitnehmen.

. . . .

. . . .

Frage: Wann ist die Operation?

. . . .

Antwort: Die Operation ist am . . . .

Frage: Wie lange dauert die Operation?

. . . .

Antwort: Die Operation nimmt ca. . . . .
Stunden in Anspruch.

Frage: Wie lange muss ich dann im Krankenhaus bleiben?

. . . .

Antwort: Der Aufenthalt im Krankenhaus dauert ungefähr

. . . . Wochen.

Danach müssen Sie zur Kur. . . . .

Sätze in den Vergangenheitsformen

Ich war schwanger.

. . . .

Ich hatte auch meinen Mutterpass.

. . . .

Ich musste manchmal zur Vertretung gehen.

. . . .

Der Entbindungstermin war am . . . .

Sie hatte immer Komplikationen bei der Geburt.

. . . .

Ihre Tochter wog nur . . . . Kilogramm bei der Geburt.

Ich habe meinen Sohn gestillt.

. . . .

Ich habe während der Schwangerschaft eine Hautentzündung gehabt.

. . . .

. . . .

Der Schwangerschaftsabbruch hat mich seelisch und gesundheitlich beeinträchtigt.

. . . .

Ich habe zahlreiche Pillen genommen.

. . . .

Sie konnte die Pillen nicht vertragen.

. . . .

Sie nutzten kein Verhütungsmittel. Sie haben nicht verhütet.

. . . .

. . . .

Ich war in der zwölften Schwangerschaftswoche.

. . . .

Unser Sohn konnte schon im achten Monat krabbeln.

. . . .

. . . .

Sie brachte fünf Kinder zur Welt.

. . . .

Die Hebamme hat mir geholfen.

. . . .

Ich musste während der Geburt ständig tief einatmen.

. . . .

Das war anstrengend.

. . . .

Ich hatte furchtbare Wehen.

. . . .

Ich hatte unheimlich starke Schmerzen bei der Geburt.

. . . .

Die Krankenschwester hat die Plazenta entsorgt.

. . . .

Die Nabelschnur wurde auch sorgfältig und vorsichtig entfernt.

. . . .

Mein Mann ist zum Standesamt gegangen und hat unser Kind angemeldet.

. . . .

. . . .

Wir haben danach die Geburtsurkunde bekommen.

. . . .

Ich durfte mein Kind/mein Baby jederzeit zu mir holen.

. . . .

Die Säuglinge waren auf einer Station.

. . . .

Die Kinderärztin hat mein Kind untersucht.

. . . .

Eine Woche später habe ich das Krankenhaus verlassen.

. . . .

Mein Mann hat am selben Tag viele Sachen gekauft.

. . . .

Er hat einen Schnuller, ein Kinderbett, eine Decke und eine Trinkflasche gekauft.

. . . .

. . . .

Mein Blatt

Sätze in den Vergangenheitsformen

Ich wurde ins Krankenhaus eingeliefert.

. . . .

Mein Mann hat meine Familie informiert.

. . . .

Der Krankenwagen ist sofort gekommen.

. . . .

Ich habe meinen Schlafanzug, meine Unterwäsche, meine Handtücher, meine Zahnpasta und meine Zahnbürste eingepackt.

. . . .

. . . .

Am ersten Tag wurden alle Untersuchungen gemacht.

. . . .

Die Krankenschwester ist zu mir gekommen.

. . . .

Der Arzt hat mein Blut im Labor untersucht.

. . . .

Ich habe unmittelbar danach meine Befunde bekommen.

. . . .

Er/Sie hatte Krebs, Polypen und Eisenmangel.

. . . .

Er hatte eine Schilddrüsenüberfunktion.

. . . .

Ich durfte nicht mehr rauchen. Meine Blutgefäße waren verstopft.

. . . .

. . . .

Ich musste meine Ernährung umstellen.

. . . .

Ich musste meine Essgewohnheiten ändern.

. . . .

Das hat mich hart getroffen.

. . . .

Ich habe auf Fast Food verzichtet.

. . . .

Die Ernährungsberaterin gab mir eine Tabelle.

. . . .

Ich durfte keinen Alkohol mehr trinken.

. . . .

Vor der Operation bekam ich eine Beruhigungsspritze.

. . . .

Der Narkosearzt hat alles detailliert geschildert.

. . . .

Ich wurde ausführlich informiert.

. . . .

Ich wurde in den Operationssaal gebracht.

. . . .

Ich war betäubt.

. . . .

Ich habe nichts mitbekommen.

. . . .

Ich stand unter ärztlicher Beobachtung.

. . . .

Ich wurde auf die Station gebracht.

. . . .

Ich war aber noch nicht ganz wach.

. . . .

Der Arzt verschrieb mir Tabletten.

. . . .

Ich musste anfangs im Bett bleiben.

. . . .

Ich durfte nur schrittweise gehen.

. . . .

Ich hatte meine Unterlagen mit.

. . . .

Ich habe eine Überweisung vom Hausarzt bekommen.

. . . .

Die Ärzte haben mein Leben gerettet.

. . . .

Ich hatte keine Hoffnung.

. . . .

Ich habe abgenommen.

. . . .

Ich sah nur verschwommene Bilder.

. . . .

Wir waren drei Patienten im Zimmer.

. . . .

Wir hatten einen Fernseher und eine Fernbedienung.

. . . .

Ich hatte auch einen eigenen Kopfhörer.

. . . .

Ich durfte jederzeit die Krankenschwester rufen.

. . . .

Aus hygienischen Gründen mussten wir unsere Hände desinfizieren.

. . . .

. . . .

Unser Zimmer war immer sauber.

. . . .

Ich habe eine Speisekarte bekommen.

. . . .

Die Auswahl war groß.

. . . .

Zum Frühstück habe ich zwei Scheiben Schwarzbrot, ein bisschen Marmelade und einen Becher Joghurt angekreuzt.

. . . .

. . . .

Zum Mittagessen habe ich Suppe und Fleisch angekreuzt.

. . . .

Zum Abendbrot habe ich ein Brötchen und eine kleine Packung Honig angekreuzt.

. . . .

Die Nachtschwester kümmerte sich um uns.

. . . .

Ich wurde dann entlassen.

. . . .

Ich war im Krankenhaus.

. . . .

Ich wurde stationär behandelt.

. . . .

Mir ging es schlecht.

. . . .

Ich war bewusstlos.

....

Ich war ohnmächtig.

....

Ich war schlapp und konnte mich kaum bewegen.

....

Die Krankenschwester musste alle .... Stunden mein Fieber und meinen Bluthochdruck messen und notieren.

....

....

Ich durfte vor der Operation weder trinken noch essen.

....

Sie musste nuchtern bleiben.

....

Meine Tochter rief den Notarzt an.

....

Mein Freund hat dem Arzt die Situation detailliert geschildert.

....

....

Ich habe sofort eine Spritze bekommen.

. . . .

In der Notfallaufnahme wurde ich geröntgt. Ich wurde sofort geröntgt.

. . . .

. . . .

Ich ging zur Blutabnahme.

. . . .

Er bekam keinen Sauerstoff aus dem Schlauch mehr.

. . . .

Ich musste auf den Befund warten.

. . . .

Die Ärzte haben mich beruhigt.

. . . .

Ich war aufgeregt.

. . . .

Ich wurde ins Krankenhaus verlegt.

. . . .

Mein Blatt

. . . .

. . . .

. . . .

. . . .

. . . .

. . . .

. . . .

. . . .

. . . .

. . . .

. . . .

. . . .

. . . .

. . . .

. . . .

. . . .

. . . .

. . . .

. . . .

. . . .

8 Beim Ernährungsberater

Frage: Was essen Sie zum Frühstück?

. . . .

Antwort: Ich esse ein Fladenbrot, ein Gläschen Marmelade und Äpfel.

. . . .

. . . .

Frage: Was trinken Sie?

. . . .

Antwort: Ich trinke ein Päckchen Milch und eine Tasse Milchkaffee.

. . . .

. . . .

Wasser ist für die Verdauung gut.

. . . .

Frage: Was essen Sie zu Mittag?

. . . .

Antwort: Zu Mittag esse ich Reis, Auberginen und Brot.

. . . .

Ich esse drei Portionen Fleisch und eine Portion Pommes mit Ketchup und Majonäse.

. . . .

. . . .

Einige Salatsorten sind gesund.

. . . .

Frage: Was essen Sie zu Abend?

. . . .

Antwort: Ich esse selten Abendbrot.

. . . .

Ich habe einen Schrank extra für Süßigkeiten, Kichererbsen, Pistazien und Getränke.

. . . .

. . . .

Ich mache eine Diät.

. . . .

Frage: Fühlen Sie sich wohl?

. . . .

Antwort: Nein, ich fühle mich überhaupt nicht wohl.

. . . .

Frage: Treiben Sie Sport?

. . . .

Antwort: Ich bewege mich kaum.

. . . .

Frage: Sind Sie zufrieden?

. . . .

Antwort: Nein, ich bin mit meinem Gewicht nicht zufrieden.

. . . .

. . . .

Ja, ich bin zufrieden. Ich fühle mich wohl.

. . . .

Frage: Rauchen Sie?

. . . .

Antwort: Nein, ich rauche nicht.

. . . .

Mein Blatt

Sätze in den Vergangenheitsformen

Ich musste meine Essgewohnheiten umstellen.

. . . .

Ich habe meine Gesundheit beeinträchtigt.

. . . .

Ich habe früher nicht bewusst gegessen.

. . . .

Ich habe auf viele Sachen verzichtet.

. . . .

Ich konnte mich kaum bewegen.

. . . .

Ich fühlte mich nicht wohl.

. . . .

Meine Freunde haben mir geholfen. Meine Familie hat mich motiviert.

. . . .

Ich war süchtig.

. . . .

9 Der Psychologe und seine Patientin

Frage: Was hat Sie zu mir geführt?

. . . .

Antwort: Ich habe seit langer Zeit Schlafstörungen.

. . . .

Ich kann kaum schlafen.

. . . .

Frage: Haben Sie auch körperliche Erkrankungen?

. . . .

Antwort: Mir sind keine bekannt.

. . . .

Ich gehe regelmäßig zum Arzt.

. . . .

Ich fühle mich außerdem körperlich wohl.

. . . .

Frage: Was machen Sie allgemein?

. . . .

Antwort: Ich mache eigentlich wenig.

. . . .

Ich bringe meinen kleinen Sohn zur Schule.

. . . .

Ich arbeite nach Lust und Laune.

. . . .

Wir haben auch keine finanziellen Schwierigkeiten.

. . . .

Mein Mann hat eine feste Arbeitsstelle.

. . . .

Frage: Haben Sie noch minderjährige Kinder?

. . . .

Antwort: Nein, mein Sohn ist volljährig.

. . . .

Er ist mit seiner Ausbildung fast fertig.

. . . .

Ich sehe nur fern.

. . . .

Frage: Soll ich Ihnen ein paar Tipps geben?

. . . .

Antwort: Ja, ich bin echt frustriert.

. . . .

Antwort: Sie müssen körperlich aktiver werden. Gehen Sie raus, machen Sie Sport. Sie können auch zusammen mit anderen Sport treiben.

. . . .

. . . .

Frage: Können Sie mir einige Beispiele nennen?

. . . .

Antwort: Ja. Es gibt zum Beispiel Sportvereine, die verschiedene Sportarten anbieten.

. . . .

. . . .

Sie können sich für eine Sportart entscheiden.

. . . .

Sie können einigen sportlichen Aktivitäten auch gemeinsam mit Freundinnen nachgehen.

. . . .

. . . .

Mein Blatt

10 Ein schrecklicher Notfall

Frage: Was kann ich für Sie tun?

. . . .

Antwort: Wir brauchen dringend einen Rettungswagen.

. . . .

Jemand ist zusammengebrochen.

. . . .

Frage: Was ist genau passiert?

. . . .

Antwort: Das weiß ich auch nicht.

. . . .

Ich soll den Notdienst anrufen.

. . . .

Frage: Ist der Rettungswagen schon da?

. . . .

Antwort: Ja, wir sind schon da. Ich bin der Arzt.

. . . .

Frage: Kann jemand Deutsch sprechen?

. . . .

Antwort: Ja, ich kann Deutsch sprechen.

. . . .

Frage: Können Sie bitte den Fall genau schildern?

. . . .

Antwort: Ja. Er kam rein. Sein Gesicht war blass.

. . . .

Er saß auf dem Stuhl. Plötzlich fiel er runter.

. . . .

Frage: Kann er sprechen?

. . . .

Antwort: Ja, er spricht undeutlich.

. . . .

Er ist einigermaßen kontaktfähig.

. . . .

Frage: Kann er Deutsch sprechen?

. . . .

Antwort: Nein, er kann überhaupt kein Deutsch sprechen.

. . . .

Frage: War er krank?

. . . .

Antwort: Ja, er ist auf Tabletten angewiesen. Er ist Diabetiker.

. . . .

Er hat auch Bluthochdruck.

. . . .

Frage: Nimmt er regelmäßig irgendwelche Medikamente ein?

. . . .

Antwort: Ja, er hat auch seine Medikamente mit.

. . . .

Frage: Was muss gemacht werden?

. . . .

Antwort: Wir müssen zuerst Blut abnehmen.

. . . .

Wir müssen ihn untersuchen.

. . . .

Wir schicken das Blut ins Labor.

. . . .

Wir warten auf die Ergebnisse.

. . . .

Frage: Würden Sie bitte die Augen zukneifen?

. . . .

Antwort: Ja, das kann ich noch machen.

. . . .

Frage: Können Sie Ihre Hände hochheben?

. . . .

Antwort: Ja, das ist anstrengend.

. . . .

Frage: Was vermuten Sie?

. . . .

Antwort: Die Symptome sprechen eher für . . . .

. . . .

Er hat wahrscheinlich einen leichten Schlaganfall.

. . . .

Es könnte .... sein, aber wir warten ab.

....

Ich vermute, dass er.........................

....

Er muss auf die Station verlegt werden.

....

Er kriegt ein Schmerzmittel.

....

Er kriegt etwas gegen die Schmerzen.

....

Er kriegt etwas gegen die Beschwerden.

....

Er muss künstlich beatmet werden.

....

Seine Situation ist weiterhin kritisch.

....

Es gibt eine winzige Hoffnung.

....

Mein Blatt

11 Beim Zahnarzt

Frage: Was kann ich für Sie tun?

Antwort: Ich habe Zahnschmerzen.

Frage: Welcher Zahn tut Ihnen weh?

Antwort: Der Vorderzahn im Unterkiefer wackelt.

Der Backenzahn im Oberkiefer tut weh.

Frage: Können Sie bitte den Mund aufmachen?

Ich muss mich vergewissern.

Das ist doch toll. Sie machen sehr gut mit.

Ich möchte Ihnen Folgendes sagen:

. . . .

Die Milchzähne sind so weit in Ordnung.

. . . .

Das Zahnfleisch ist entzündet.

. . . .

Der Backenzahn im Oberkiefer hat ein Loch.

. . . .

Ich muss einen Abdruck vom Zahn haben.

. . . .

Wenn es Ihnen wehtut, geben Sie mir einfach ein Zeichen.

. . . .

. . . .

Der Backenzahn muss gefüllt werden.

. . . .

Sie kriegen jetzt eine Spritze.

. . . .

Frage: Was für eine Spritze kriege ich?

. . . .

Antwort: Das Zahnfleisch wird betäubt.

. . . .

Sie spüren dann nichts mehr.

. . . .

Das ist eine örtliche Betäubung.

. . . .

Zwei Zähne müssen auch entfernt werden. Die Zahnwurzel ist entzündet.

. . . .

. . . .

Diese Zähne drücken andere Zähne nach hinten.

. . . .

Frage: Putzen Sie Ihre Zähne?

. . . .

Antwort: Ja, ich putze meine Zähne regelmäßig.

. . . .

Sie müssen Ihre Zähne bitte täglich putzen.

. . . .

Ich muss den Zahn polieren.

. . . .

Ich muss den Zahn abschleifen. Die Prothese sitzt nicht fest.

. . . .

Ich muss den Zahn füllen/bohren.

. . . .

Sie müssen bitte einen Termin vereinbaren.

. . . .

Frage: Kann ich übermorgen kommen?

. . . .

Antwort: Ich kann Ihnen einen Termin für nächste Woche geben.

. . . .

. . . .

Mein Blatt

12 Beim Autohändler

Frage: Was suchen Sie?

. . . .

Antwort: Ich suche ein Auto.

. . . .

Frage: Was für ein Auto suchen Sie?

. . . .

Antwort: Ich habe meinen Führerschein erst letzte Woche bekommen.

. . . .

. . . .

Ich bin überfragt.

. . . .

Frage: Was empfehlen Sie mir?

. . . .

Antwort: Das ist doch Ihre Entscheidung.

. . . .

Ich habe einen VW.

. . . .

Frage: Sollen wir uns das Auto angucken?

. . . .

Antwort: Das wäre natürlich nicht schlecht.

. . . .

Frage: Haben Sie eine Minute Zeit?

. . . .

Antwort: Ja, ich habe genug Zeit.

. . . .

Frage: Wo ist das Auto?

. . . .

Antwort: Das ist das Auto.

. . . .

Frage: Würden Sie mir bitte ein paar Angaben zum Auto machen?

. . . .

. . . .

Antwort: Ja, natürlich.

. . . .

Frage: Wie ist der Kilometerstand?

. . . .

Antwort: Das Auto hat . . . . Kilometer zurückgelegt.

. . . .

. . . .

Frage: War das Auto in einen Unfall verwickelt?

. . . .

Antwort: Nein, das Auto ist unfallfrei.

. . . .

Das Auto ist in einem sehr guten Zustand.

. . . .

Alle Inspektionen wurden regelmäßig durchgeführt.

. . . .

Der Kilometerstand ist auch original.

. . . .

Das Scheckheft ist außerdem auch dabei.

. . . .

Der TÜV und die ASU sind sogar neu.

. . . .

Frage: Darf man auch eine Probefahrt machen?

. . . .

Antwort: Ja, Sie können auch eine Probefahrt machen.

. . . .

Frage: Können Sie rote Kennzeichen besorgen?

. . . .

Antwort: Ja, ich muss nur kurz anrufen.

. . . .

Fahren Sie bitte vorsichtig!

. . . .

Frage: Soll ich auch mitkommen?

. . . .

Antwort: Nein, ich bin gleich wieder da.

. . . .

Ich komme gleich.

. . . .

Frage: Ist das Auto gut?

. . . .

Antwort: Das Auto fährt einwandfrei.

. . . .

Frage: Habe ich Ihnen das nicht gesagt?

. . . .

Antwort: Doch, das haben Sie. Sie sind ein ehrlicher Mensch.

. . . .

. . . .

Frage: Können Sie mir einen guten Preis machen?

. . . .

Antwort: Nein, der Preis ist wirklich angemessen.

. . . .

Aber ich kann Ihnen ein Jahr Garantie auf das Auto geben.

. . . .

. . . .

Frage: Sind Sie mit diesem Vorschlag einverstanden?

. . . .

Antwort: Ich überlege es mir und rufe Sie an.

. . . .

Alles klar. Ich warte auf Ihren Anruf.

. . . .

Frage: Kann man auch in Raten bezahlen?

. . . .

Antwort: Ja, ich brauche aber Ihre Verdienstbescheinigung.

. . . .

Ich brauche auch Ihre Bankverbindung und Ihre Kontonummer.

. . . .

. . . .

Sätze in den Vergangenheitsformen.

Ich habe ein Auto gekauft.

. . . .

Das Auto hatte einen großen Blechschaden. Es hatte auch zwei Dellen.

. . . .

. . . .

Das Auto ist auch in einen leichten Unfall verwickelt gewesen.

. . . .

. . . .

Der Unfallschaden wurde repariert.

. . . .

Das Auto war beschädigt und nicht fahrbereit.

. . . .

Das Auto war abgemeldet. Es war in der Garage.

. . . .

Das Auto hat 130.000 Kilometer zurückgelegt.

. . . .

Die Bremsklötze, die Scheibenwischer, der Stoßdämpfer, die Auspuffanlage

....

....

und die Gelenkwelle waren teuer.

....

Ich habe den Kotflügel, das Rücklicht, den Rückspiegel und den Seitenspiegel beim

....

....

Schrotthändler günstig gekauft.

....

Der Anlasser musste auch repariert werden.

....

Der Lackierer hat mein Auto lackiert.

....

Der Kofferraum war krumm.

....

Der Tachometer war auch defekt.

....

Ich bin zum Straßenverkehrsamt gegangen.

. . . .

Ich habe meine Deckungskarte per Post bekommen.

. . . .

. . . .

Ich habe meine Versicherungsnummer gespeichert.

. . . .

Ich habe ein neues Kennzeichen bekommen.

. . . .

Ich habe mein Auto umgemeldet.

. . . .

Ich musste an der Kasse Gebühren bezahlen. Ich habe auch einen Beleg bekommen.

. . . .

. . . .

Ich hatte rote Schilder.

. . . .

Ich habe anschließend den Fahrzeugbrief bekommen.

. . . .

Ich habe einen Kindersitz gekauft.

. . . .

Das Lenkrad war verstellbar.

. . . .

Das Auto war in einem sehr guten Zustand.

. . . .

Der Vorbesitzer hat mir vier Felgen gegen einen geringen Aufpreis gegeben.

. . . .

. . . .

Das Reifenprofil war noch gut.

. . . .

Er hat mir einen Verbandskasten geschenkt.

. . . .

Das Auto verbrauchte wenig Sprit. Es war sparsam.

. . . .

. . . .

Der Kofferraum war ziemlich groß.

. . . .

Der Lautsprecher machte Geräusche.

. . . .

Das Auto hatte eine grüne Plakette.

. . . .

Ich habe mein Auto zum TÜV gebracht.

. . . .

Das Rücklicht, das Standlicht, das Fernlicht und die Handbremse wurden kontrolliert.

. . . .

. . . .

Die Warnblinkanlage funktionierte nicht.

. . . .

Ich hatte ein Warndreieck.

. . . .

Ich musste einmal im Jahr Steuern bezahlen.

. . . .

Ich habe meine Kfz-Versicherung jährlich überwiesen.

. . . .

Sie hat einen schrecklichen Unfall verursacht. Sie war schuld.

. . . .

Sie ist über eine rote Ampel gefahren. Sie hat das Verkehrszeichen übersehen.

. . . .

. . . .

Er hat sein Auto bei . . . . versichert.

. . . .

Das Auto wurde abgeschleppt.

. . . .

Ich habe sofort den ADAC angerufen.

. . . .

Ich habe den Unfallort sorgfältig und verständlich ausgeschildert.

. . . .

. . . .

Ich habe ihr meine Mitgliedsnummer gesagt.

. . . .

Sie wiederholte ihre Fragen.

. . . .

Ich habe auch mein Geburtsdatum angegeben.

. . . .

Sie hat meine Handy-Nummer notiert.

. . . .

Nach ungefähr einer Stunde ist der Abschleppdienst gekommen.

. . . .

. . . .

Er hat einige Fragen gestellt.

. . . .

Die Wasserpumpe, das Gaspedal und der Turbolader waren defekt.

. . . .

. . . .

Ich war Mitglied beim ADAC.

. . . .

Mein Auto ist liegen geblieben.

. . . .

Ich hatte immer meine ADAC-Karte dabei.

. . . .

Ich kannte meine ADAC-Mitgliedsnummer nicht auswendig.

. . . .

Der ADAC-Fahrer hat mich noch einmal angerufen.

. . . .

Alle notwendigen Inspektionen wurden regelmäßig gemacht.

. . . .

. . . .

Der Motor lief einwandfrei.

. . . .

Die Zündkerze wurde letzte Woche erneuert.

. . . .

Der Ölfilter, der Dieselfilter, das Bremspedal, das Gebläse, die Hupe, die Lichtmaschine, die Heckscheibe, der Blinker, der Luftfilter und der Bremsbelag waren intakt.

. . . .

. . . .

. . . .

Einige Sicherungen waren kaputt. Ich habe mein Auto in die Werkstatt gebracht.

. . . .

Ich habe das Auto beim Autohändler gekauft.

. . . .

Sie verkaufte ihr Auto.

. . . .

Ihr Auto hat viel Sprit verbraucht.

. . . .

Es war ein Schnäppchen.

. . . .

Ich wurde einmal geblitzt. Ich musste Bußgeld überweisen.

. . . .

Der Polizist hat mich an der Kreuzung angehalten.

. . . .

Der Beifahrer hat sich nicht angeschnallt.

. . . .

Sie hat die Vorfahrt nicht beachtet.

. . . .

Das war rechts vor links.

. . . .

Es gab vor dem Kreisverkehr eine große Kontrolle.

. . . .

. . . .

Du hast dein Auto am Straßenrand geparkt.

. . . .

Die Straße war uneben.

. . . .

Ich habe einen Strafzettel bekommen.

. . . .

Ich bin vorsichtig rückwärts gefahren.

. . . .

Der Automechaniker hat viele Autoteile bestellt.

. . . .

Wir haben zusammen im Internet recherchiert.

. . . .

Ich wollte mein Auto verkaufen. Viele Interessenten haben angerufen.

. . . .

. . . .

Alle haben nach dem Preis gefragt.

. . . .

Sie fuhr immer vorwärts in die Garage.

. . . .

Ich hatte einen eigenen Parkplatz.

. . . .

Die öffentlichen Parkplätze waren kostenlos.

. . . .

Ich habe die Theorie-Prüfung bestanden und habe meinen Führerschein bekommen.

. . . .

. . . .

Ich habe mich an die vorgegebene Geschwindigkeit gehalten.

. . . .

. . . .

Ich habe alle Verkehrsregeln beachtet.

. . . .

Ich war konzentriert und nicht aufgeregt.

. . . .

Der Prüfer war zufrieden.

. . . .

Ich habe viele Fahrstunden genommen.

. . . .

Der Fahrlehrer fuhr mit mir in eine Sackgasse.

. . . .

Die Sonderfahrten habe ich auch gemacht.

. . . .

Ich bin anfangs zum Theorie-Unterricht gegangen.

. . . .

. . . .

Mein Opa hat mir ein Auto gekauft.

. . . .

Ich habe das Auto umsonst bekommen.

. . . .

Ich habe nach der Prüfung ein Auto bekommen.

. . . .

. . . .

Das Auto war fahrbereit. Es hat mich nie im Stich gelassen.

. . . .

. . . .

Der Anlasser musste auch repariert werden.

. . . .

Mein Blatt

. . . .

. . . .

. . . .

. . . .

. . . .

. . . .

. . . .

. . . .

. . . .

. . . .

. . . .

. . . .

. . . .

. . . .

. . . .

. . . .

. . . .

. . . .

. . . .

. . . .

13 Der ADAC

Frage: Ist das die ADAC-Pannenhilfe?

. . . .

Antwort: Ja, das ist die ADAC-Pannenhilfe.

. . . .

Frage: Worum geht es denn?

. . . .

Antwort: Es geht um mein Auto.

. . . .

Mein Auto ist auf der Autobahn liegen geblieben.

. . . .

Frage: Sind Sie Mitglied beim ADAC?

. . . .

Antwort: Ja, ich bin Mitglied beim ADAC.

. . . .

Ich habe auch meine Mitgliedskarte mit.

. . . .

Frage: Würden Sie mir bitte Ihre ADAC-Mitgliedsnummer sagen?

. . . .

. . . .

Antwort: Ich habe meine ADAC-Mitgliedskarte in meinem Geldbeutel.

. . . .

. . . .

Meine ADAC-Mitgliedsnummer ist . . . .

. . . .

Frage: Könnten Sie mir bitte auch das Auto-Kennzeichen sagen?

. . . .

. . . .

Antwort: Das Auto-Kennzeichen lautet. . . . .

. . . .

Frage: Was für ein Auto ist das?

. . . .

Antwort: Das ist ein VW Golf.

. . . .

Frage: Welche Farbe hat das Auto?

. . . .

Antwort: Das Auto ist schwarz.

. . . .

Frage: Muss das Auto abgeschleppt werden?

. . . .

Antwort: Das weiß ich nicht. Ich bin doch kein Mechaniker.

. . . .

. . . .

Frage: Was ist genau passiert?

. . . .

Antwort: Das Lenkrad klemmt, und der Motor springt nicht mehr an.

. . . .

. . . .

Frage: Wann rufen Sie mich an?

. . . .

Antwort: In einer Stunde rufe ich Sie noch mal an.

. . . .

Frage: Wo sind Sie genau?

. . . .

Antwort: Ich bin auf der A2. Neben mir ist eine Tankstelle.

. . . .

. . . .

Die Tankstelle heißt . . . .

. . . .

Die nächste Ausfahrt ist. . . . .

. . . .

Frage: Was soll ich jetzt machen?

. . . .

Antwort: Warten Sie dort.

. . . .

Ich teile unserem Fahrer alles mit.

. . . .

Er meldet sich dann bei Ihnen. Er ruft Sie dann an.

. . . .

Frage: Wie lange dauert das?

. . . .

Antwort: Das dauert ungefähr eine Stunde.

. . . .

Frage: Wie ist das Wetter dort?

. . . .

Antwort: Es ist kalt, und ich habe auch Kinder im Auto.

. . . .

. . . .

Frage: Kann er sich beeilen?

. . . .

Antwort: Ich rufe ihn noch einmal an.

. . . .

Mein Blatt

14 Endlich in der Werkstatt

Frage: Was hat das Auto?

Antwort: Die Bremsbeläge und die Gelenkwelle sind defekt.

Die Luftpumpe ist nicht mehr intakt.

Die Ölpumpe und der Zylinderkopf sind wahrscheinlich undicht.

Die Zündkerzen müssen vorsichtshalber erneuert werden.

Der Kotflügel ist verrostet.

Der Scheibenwischer ist nicht original.

Der Rücksitz lässt sich kaum bewegen.

. . . .

Der Motor springt manchmal ganz normal an.

. . . .

Die Glühkerze muss beim nächsten Ölwechsel auch gewechselt werden.

. . . .

. . . .

Der Rückspiegel ist wackelig.

. . . .

Der Fahrersitz ist unbequem.

. . . .

Der Beifahrersitz ist auch in einem schlechten Zustand.

. . . .

. . . .

Der Kofferraum stinkt.

. . . .

Die Klimaanlage ist nicht in Ordnung.

. . . .

Die Karosserie ist zu achtzig Prozent verrostet.

. . . .

Die Türen sind verschmutzt und verschmort.

. . . .

Das Gebläse ist sowieso defekt.

. . . .

Die Handbremse funktioniert nicht.

. . . .

Das Abblendlicht hat einen leichten Wackelkontakt.

. . . .

. . . .

Das Auto hat keine Klimaanlage.

. . . .

Der Rückwärtsgang funktioniert auch nicht.

. . . .

Ich betätige die Warnblinkanlage.

. . . .

Ich habe immer viele Sicherungen dabei.

. . . .

Ich habe immer ein Abschleppseil mit.

. . . .

Ich brauche zuerst einen Kostenvoranschlag.

. . . .

Frage: Wollen Sie das Auto wirklich reparieren lassen?

. . . .

Antwort: Ja, ich frage meine Großeltern. Sie haben mir das Auto geschenkt.

. . . .

. . . .

Frage: Hat das Auto noch andere Macken?

. . . .

Antwort: Ja, ohne einen Taschenrechner kann ich sie gar nicht aufzählen.

. . . .

. . . .

Das Auto müsste eigentlich ins Museum.

. . . .

Sie brauchen das Auto nicht mehr zu reparieren.

. . . .

Mein Blatt

15 Der Reifenhändler

Frage: Was kann ich für Sie tun?

. . . .

Antwort: Ich suche gebrauchte Winterreifen.

. . . .

Frage: Welche Größe suchen Sie denn?

. . . .

Antwort: Das ist eine gute Frage.

. . . .

Ich bin überfragt.

. . . .

Frage: Haben Sie den Fahrzeugschein mit?

. . . .

Antwort: Ja, ich habe zum Glück den Fahrzeugschein mit.

. . . .

Ich glaube nicht, dass wir diese Größe haben.

. . . .

Ich komme gleich. Ich muss meinen Vorarbeiter fragen.

. . . .

Nein, wir haben diese Größe leider nicht.

. . . .

Ich kann Ihnen neue Winterreifen anbieten. Ein Stück kostet . . . . Euro.

. . . .

Das ist echt günstig.

. . . .

Frage: Können Sie gebrauchte Reifen bestellen?

. . . .

Neue Reifen sind mir zu teuer.

. . . .

Frage: Warum?

. . . .

Antwort: Ich kann mir neue Reifen nicht leisten.

. . . .

Ich habe sowieso vor, mein Auto zu verkaufen.

. . . .

Frage: Haben Sie eine andere Möglichkeit?

. . . .

Antwort: Nein, eine andere Möglichkeit habe ich leider nicht.

. . . .

. . . .

Neue Reifen sind sicherer und besser als gebrauchte Reifen.

. . . .

. . . .

Frage: Ist das nicht richtig?

. . . .

Antwort: Doch. Sie haben Recht.

. . . .

Ich überlege und rufe Sie an.

. . . .

Ich habe auch Ihre Visitenkarte.

. . . .

Frage: Wann kann ich Sie anrufen?

. . . .

Antwort: Sie können mich jederzeit anrufen.

. . . .

Wenn Sie mich nicht erreichen können, hinterlassen Sie eine kurze Nachricht.

. . . .

. . . .

Ich melde mich bei Ihnen.

. . . .

Ich bin manchmal unterwegs.

. . . .

Mein Blatt

16 Der Schulanfang

Frage: Was brauchst du für die Schule?

. . . .

Antwort: Ich brauche Stifte, einen Radiergummi, ein Lineal, einen Bleistift, linierte Hefte, eine Federmappe und einen Anspitzer.

. . . .

. . . .

Ich brauche außerdem noch eine Schultasche, eine Brotdose, Turnschuhe, eine Sporttasche, einen Sportanzug, Fußballschuhe und einen Füller.

. . . .

. . . .

. . . .

Ich brauche eine Schwimmweste und einen Schwimmanzug.

. . . .

Ich brauche dringend auch Büroklammern, einen Schnellhefter und Hüllen.

. . . .

. . . .

Frage: Hast du deinen Stundenplan mit?

. . . .

Antwort: Ja, ich habe einen provisorischen Stundenplan mit.

. . . .

. . . .

Frage: Wann kommst du morgen nach Hause?

. . . .

Antwort: Morgen ist ein langer Tag. Ich komme erst um 16:00 Uhr nach Hause.

. . . .

. . . .

Ich habe Mathe, Deutsch, Erdkunde, Geschichte, Sport, Hauswirtschaft und Englisch.

. . . .

. . . .

Übermorgen habe ich Kunst, Religion, Politik, Physik, Chemie und Französisch.

. . . .

. . . .

. . . .

Am Mittwoch haben wir schulfrei. Unsere Lehrerin hat eine Veranstaltung.

. . . .

Am Donnerstag fällt die erste Stunde aus.

. . . .

Am Freitag hat unsere Lehrerin Aufsicht. Wir haben dann eine Vertretung.

. . . .

. . . .

Am nächsten Montag schreiben wir eine Klausur. Latein ist doch schwer.

. . . .

Ich kann am Sportunterricht krankheitsbedingt nicht teilnehmen.

. . . .

. . . .

Ich habe mich beim Fußballtraining verletzt.

. . . .

Ich muss eine Entschuldigung schreiben.

. . . .

Frage: Unterschreibst du dann die Entschuldigung?

. . . .

Antwort: Nein, ich bin noch minderjährig. Ich bin nicht volljährig.

. . . .

. . . .

Frage: Was ist dein Lieblingsfach?

. . . .

Antwort: Mein Lieblingsfach ist . . . .
aber mag ich auch.

. . . .

. . . .

Wir haben einen netten Lehrer/eine tolle Lehrerin.

. . . .

. . . .

Er ist nicht so stur. Er/Sie ist immer hilfsbereit.

. . . .

. . . .

17 Der Elternsprechtag

Frage: Wie sieht es aus ?

. . . .

Antwort: Es könnte besser sein.

. . . .

Er/Sie ist manchmal abgelenkt.

. . . .

Während ich unterrichte, beschäftigt er/sie sich mit anderen Sachen.

. . . .

. . . .

Er/Sie meldet sich kaum.

. . . .

Er/Sie zeigt wenig Interesse.

. . . .

Er/Sie ist zwar interessiert, aber er/sie muss sich mehr am Unterricht beteiligen.

. . . .

. . . .

Er/Sie erledigt die Hausaufgaben nicht rechtzeitig.

....

....

Er/Sie kommt manchmal zu spät zur Schule.

....

Er/Sie erzählt Witze im Unterricht, und das ist verboten.

....

Im Sportunterricht kommt er/sie überhaupt nicht klar.

....

Er/Sie ist übergewichtig.

....

Er/Sie muss **seine**/ihre Essgewohnheiten umstellen.

....

....

Frage: Soll ich jetzt die positiven Sachen erwähnen?

....

....

Antwort: Ja, das wäre sehr nett.

....

Er/Sie ist kontaktfreudig.

. . . .

Er/Sie hält sich an die Regeln.

. . . .

Er/Sie nimmt immer Rücksicht.

. . . .

Er/Sie nimmt den Unterricht und die Aufgaben ernst.

. . . .

. . . .

Er/Sie ist ehrlich. Er/Sie schummelt nicht.

. . . .

Er/Sie kommt regelmäßig und pünktlich zur Schule.

. . . .

. . . .

Er/Sie bemüht sich, bessere Noten zu bekommen.

. . . .

Er ist eifrig. Sie ist eine Streberin.

. . . .

Er/Sie beteiligt sich am Unterricht.

. . . .

Er/Sie bringt immer neue Ideen ein und bereichert so den Unterricht.

. . . .

. . . .

Er/Sie beachtet die Regeln.

. . . .

Auch andere Kollegen und Kolleginnen haben einen positiven Eindruck von ihm/ihr.

. . . .

. . . .

Ich bin zufrieden. Die Klassenlehrerin ebenso.

. . . .

Mein Blatt

Mein Blatt

Sätze in den Vergangenheitsformen

Er wurde eingeschult.

. . . .

Ich musste zu Fuß zur Schule gehen.

. . . .

Ich bin bis zur sechsten Klasse in die Schule gegangen.

. . . .

. . . .

Sie hat Latein abgewählt.

. . . .

Er hatte Englisch als Leistungskurs.

. . . .

Chemie war ein Pflichtfach.

. . . .

Er wurde suspendiert.

. . . .

Ich musste die Schule krankheitsbedingt abbrechen.

. . . .

Sie ging auf eine weiterführende Schule.

. . . .

Das Lernen fiel mir schwer.

. . . .

Ich habe bei der letzten Mathe-Arbeit schlecht abgeschnitten.

. . . .

. . . .

Er/Sie saß isoliert. Er war ein Einzelgänger.

. . . .

Bei der schriftlichen Arbeit hatte ich eine gute Note.

. . . .

. . . .

Sie beteiligte sich immer am Unterricht

. . . .

Er war mit den Aufgaben überfordert.

. . . .

Das Kollegium hatte eine Konferenz.

. . . .

Unser Klassenlehrer hat gestern eine Fortbildung gehabt.

. . . .

Ich war der Klassensprecher. Sie war die Klassensprecherin.

. . . .

Ich wurde zur Klassensprecherin gewählt.

. . . .

Wir hatten ein Klassenbuch und eine Anwesenheitsliste.

. . . .

. . . .

Sie hat ein Attest vorgelegt.

. . . .

Wir trafen uns in den Pausen.

. . . .

Ein Lehrer/Eine Lehrerin hatte immer Pausenaufsicht.

. . . .

. . . .

Wir haben zusammen in der Mensa gegessen.

. . . .

Unsere Schule hatte leider eine kleine Bibliothek.

. . . .

. . . .

Die Sporthalle war ziemlich groß.

. . . .

Die Teilnahme am Religionsunterricht war freiwillig.

. . . .

. . . .

Wir hatten keine Uniform.

. . . .

Unsere Schule hatte eine moderne Cafeteria.

. . . .

Sport ist mein Lieblingsfach gewesen.

. . . .

Sie hat keine Nachhilfe bekommen.

. . . .

Ich musste zweimal in der Woche zum Förderunterricht gehen.

. . . .

. . . .

Ich habe bei einem Wettbewerb den ersten Platz erreicht.

. . . .

. . . .

Ich wurde geehrt. Das Schwimmbad war modern.

. . . .

Wir hatten auch eine Homepage.

. . . .

Meine Eltern sind zum Elternsprechtag gegangen.

. . . .

. . . .

Ich habe mich deutlich verbessert.

. . . .

Meine Noten waren nicht schlecht.

. . . .

Sie ist sitzen geblieben.

. . . .

Er wurde versetzt.

. . . .

Ich hatte keinen Schulabschluss.

. . . .

Ihr habt ab und zu keinen Tafeldienst gehabt.

. . . .

Wir waren auf der Klassenfahrt.

. . . .

Wir haben in einer Jugendherberge übernachtet.

. . . .

Einmal im Jahr haben wir einen Ausflug gemacht.

. . . .

Der Rektor war begeistert.

. . . .

Er hat seine Zeugnisse gut aufbewahrt.

. . . .

Du hast deine Zeugnisse übersetzt.

. . . .

Sie hat ihre Zeugnisse beglaubigen lassen.

. . . .

Mein Lehrer/Meine Lehrerin gab mir einen Tipp.

. . . .

. . . .

Wir hatten am letzten Schultag nur Gottesdienst.

. . . .

Der Unterricht fiel danach aus.

. . . .

Wir haben eine Projektwoche gehabt.

. . . .

Ich war diszipliniert.

. . . .

In den Schulferien habe ich mich erholt.

. . . .

Ich habe mich bemüht, einen guten Schulabschluss zu bekommen.

. . . .

. . . .

Ich hatte auch einen Job.

. . . .

Unser Taschengeld bekamen wir von unseren Eltern.

. . . .

. . . .

Er wurde krankheitsbedingt vom Sportunterricht befreit.

. . . .

. . . .

Der Lehrer/Die Lehrerin trug sorgfältig alle Namen ein.

. . . .

. . . .

Ich habe mich an meine Schultüte erinnert.

. . . .

Ich habe meinen Schulranzen und meinen Rucksack verschenkt.

. . . .

. . . .

Wir haben meinen Geburtstag im Klassenraum gefeiert.

. . . .

. . . .

Ich hatte an dem Tag keine Hausaufgaben.

. . . .

Ich habe neulich einen Schulfreund und eine Schulfreundin getroffen.

. . . .

. . . .

Wir haben uns über unsere Vergangenheit unterhalten.

. . . .

. . . .

Unser Lehrer/Unsere Lehrerin war streng.

. . . .

Am Tag der Zeugnisausgabe waren wir beunruhigt.

. . . .

. . . .

Man durfte nicht rauchen.

. . . .

Wir mussten außerdem unsere Handys ausschalten.

. . . .

. . . .

Auf dem Schulhof spielten wir manchmal Handball.

. . . .

. . . .

Er fuhr mit dem Schulbus zur Schule.

. . . .

Ihr hattet eine Monatskarte.

. . . .

Sie verlor ihren Schülerausweis.

. . . .

Ich habe schon alle Schulsachen besorgt.

. . . .

Er hat seine Bücher bestellt. Er hat einen Zettel bekommen.

. . . .

. . . .

Ich musste meine Bücher rechtzeitig bestellen.

. . . .

Der Taschenrechner hat achtzig Euro gekostet.

. . . .

. . . .

Ich habe auch ein Lineal, ein Dreieck und einen Zirkel gekauft.

. . . .

. . . .

Ihr habt Nachhilfe bekommen.

. . . .

Wir gingen zum Förderunterricht.

. . . .

Ich habe meine Sportklamotten gekauft.

. . . .

Unser Sohn/Unsere Tochter hat auch einen Malkasten und Buntstifte gekauft.

. . . .

. . . .

Eure Tochter hatte noch ein Kunstheft und ein Tagebuch.

. . . .

. . . .

Meine Mutter ging zum Elternsprechtag.

. . . .

Wir haben unseren Stundenplan bekommen.

. . . .

. . . .

Zum Jahresende haben wir unsere Zeugnisse bekommen.

. . . .

. . . .

Einige waren nicht zufrieden. Der Schüler hatte schlechte Noten.

. . . .

. . . .

Die dritte Stunde ist ausgefallen.

. . . .

Der Lehrer/Die Lehrerin war krank.

. . . .

Wir hatten eine Vertretung und wiederholten das Thema.

. . . .

. . . .

Sein Lehrer hat sich mehrmals über sein Benehmen beschwert.

. . . .

. . . .

Ihre Lehrerin war mit ihrer Leistung zufrieden.

. . . .

. . . .

Ich habe meine Hausaufgaben regelmäßig gemacht.

. . . .

. . . .

Sie störte niemanden im Klassenraum.

. . . .

Sie ging zu ihrer Klassenlehrerin. Er ging zu seinem Klassenlehrer.

. . . .

. . . .

Ich habe meine Tochter im Sekretariat angemeldet.

. . . .

. . . .

Wir hatten alle erforderlichen Unterlagen dabei.

. . . .

. . . .

Ich musste die Geburtsurkunde mitbringen.

. . . .

. . . .

Die Sommerferien haben angefangen.

. . . .

Sie hat ihre Herbstferien im Ausland verbracht.

. . . .

. . . .

Der Lehrer gab alle Noten bekannt.

. . . .

Ich musste die sechste Klasse wiederholen.

. . . .

Sport war mein Lieblingsfach.

. . . .

Ich mochte auch Philosophie, Biologie, Geschichte, Erdkunde, Deutsch,Mathe, Physik, Pädagogik und natürlich Kunst.

. . . .

. . . .

. . . .

Ich habe mein Politikbuch abgegeben.

. . . .

Für unsere Klassenfahrt haben meine Eltern siebzig Euro überwiesen.

. . . .

. . . .

Er bekam seine Englischarbeit zurück.

. . . .

Ich musste eine Klausur nachschreiben.

. . . .

Wir hatten eine neue Lehrerin.

. . . .

Sie war Referendarin.

. . . .

Ich habe meine Schule gewechselt.

. . . .

Mein Blatt

Mein Blatt

18 Die Schule

Frage: Warum ist dein Lehrer nicht mit dir zufrieden?

. . . .

. . . .

Antwort: Ich sitze im Klassenraum. Ich sitze in der fünften Reihe.

. . . .

. . . .

Links von mir sitzt . . . .

. . . .

Rechts von mir ist. . . . .

. . . .

Vor uns sitzen . . . .
und. . . . .

. . . .

. . . .

Hinter uns sitzt . . . .

Sie ist frech und respektlos. Sie hört nicht zu.

. . . .

. . . .

Sie sprechen ständig, und ich kriege Ärger. Alle tun sich zusammen und beleidigen mich.

. . . .

. . . .

Wenn die Lehrerin/der Lehrer Sachen erklärt, kriege ich die Hälfte nicht mit.

. . . .

. . . .

Frage: Warum?

. . . .

Antwort: Sie hören nicht zu, und ich kann mich nicht konzentrieren.

. . . .

. . . .

Ich möchte nicht sitzen bleiben. Ich möchte nicht noch einmal wiederholen.

. . . .

. . . .

Deswegen kriege ich schlechte Noten.

. . . .

Frage: Wann ist der Elternsprechtag?

. . . .

Antwort: Der Elternsprechtag ist nächste Woche. Wir haben auch einen festen Termin.

. . . .

. . . .

Mein Blatt

19 Der Vermieter

Frage: Störe ich gerade?

. . . .

Antwort: Nein, Sie stören uns nicht.

. . . .

Frage: Worum geht es denn?

. . . .

Antwort: Es geht um das Haus.

. . . .

Frage: Ist das Haus noch frei?

. . . .

Antwort: Ja, das Haus ist noch frei.

. . . .

Frage: Wie groß ist das Haus?

. . . .

Antwort: Das Haus ist circa 170 Quadratmeter groß.

. . . .

. . . .

Das Haus hat auch einen Garten.

. . . .

Im Garten gibt es auch einen Grillplatz.

. . . .

Der Garten hat ein Gartenhaus und eine Hütte.

. . . .

. . . .

Frage: Wie viele Zimmer hat das Haus?

. . . .

Antwort: Im Erdgeschoss sind ein Wohnzimmer, ein Elternschlafzimmer und eine Toilette.

. . . .

. . . .

Es gibt auch einen Abstellraum, einen Flur, ein Büro, ein Esszimmer und eine Küche.

. . . .

. . . .

Das Haus ist mit einer modernen Einbauküche ausgestattet.

. . . .

. . . .

Im ersten Stockwerk befinden sich ein Schlafzimmer, ein Badezimmer und ein Arbeitszimmer.

. . . .

. . . .

Im Dachgeschoss gibt es einen Mehrzweckraum.

. . . .

Frage: Ist das ein Palast?

. . . .

Antwort: Nein, das ist ein Einfamilienhaus.

. . . .

Frage: Wo liegt das Haus?

. . . .

Das Haus liegt direkt im Zentrum.

. . . .

Die Gegend ist sehr schön und ruhig.

. . . .

Man kann seine Einkäufe zu Fuß erledigen.

. . . .

Frage: Wie groß ist Ihre Familie?

. . . .

Antwort: Wir sind fünf Personen.

. . . .

Frage: Können wir das Haus besichtigen?

. . . .

Antwort: Ja, Sie können um 17:30 Uhr kommen.

. . . .

Eine andere Möglichkeit habe ich leider nicht.

. . . .

Frage: Wie heißt die Straße?

. . . .

Antwort: Das ist die . . . .

. . . .

Frage: Gefällt Ihnen das Haus?

. . . .

Antwort: Ja, es gefällt uns.

. . . .

Frage: Wie hoch ist die Miete?

. . . .

Antwort: Sie müssen im Monat . . . .
Euro bezahlen.

. . . .

Das ist die Warmmiete.

. . . .

Alle Stromkosten müssen Sie separat bezahlen.

. . . .

. . . .

Die Lage ist sehr gut.

. . . .

Das Haus hat auch einen eigenen Stromzähler.

. . . .

. . . .

Frage: Kann ich heute kommen?

. . . .

Antwort: Es gibt auch andere Interessenten.

. . . .

Sie können mir Ihre Telefonnummer noch mal hinterlassen.

. . . .

. . . .

Ich bin nicht der einzige Eigentümer.

. . . .

Ich muss noch meine Frau fragen.

. . . .

Wir überlegen es uns und treffen eine Entscheidung.

. . . .

. . . .

Ich rufe Sie am Mittwoch an.

. . . .

Wir haben uns für Sie entschieden.

. . . .

Frage: Kann ich auch jetzt sofort kommen?

. . . .

Antwort: Ja, wir sind im Garten.

. . . .

Frage: Darf ich reinkommen?

. . . .

Antwort: Ja, Sie dürfen reinkommen.

. . . .

Frage: Was sagen Sie jetzt?

. . . .

Antwort: Alles ist wunderbar.

. . . .

Frage: Was muss ich genau machen?

. . . .

Antwort: Sie müssen die Miete rechtzeitig auf das Konto überweisen.

. . . .

. . . .

Wenn etwas kaputtgeht, teilen Sie uns das bitte schriftlich und unverzüglich mit.

. . . .

. . . .

Das ist der Mietvertrag.

. . . .

Unterschreiben Sie bitte hier.

. . . .

Nach drei Monaten können Sie ins Haus einziehen.

. . . .

Frage: Ist der Mietvertrag befristet?

. . . .

Antwort: Nein, er ist unbefristet.

. . . .

Sie müssen noch einiges machen. Alles ist frisch renoviert.

. . . .

. . . .

Ich habe auch Ihre Handy-Nummer.

. . . .

Frage: Mögen Sie Fische?

. . . .

Antwort: Ja, meine Kinder mögen auch Fische.

. . . .

. . . .

Frage: Warum fragen Sie?

. . . .

Das Haus hat einen Teich. Wir haben einen Teich im Garten.

. . . .

. . . .

Im Teich sind bunte Fische. Ihre Kinder werden sich bestimmt freuen.

. . . .

. . . .

Sie können die Fische füttern.

. . . .

Sie brauchen viele Gartengeräte und auch andere Sachen.

. . . .

. . . .

Für den Garten brauchen Sie einen Rasenmäher, eine Gartenschere und eine Schaufel.

. . . .

. . . .

Sie brauchen auch eine Axt und einen Wasserschlauch.

. . . .

Für die Küche brauchen Sie eine neue Waschmaschine, einen Geschirrspüler, eine Spüle, eine Mikrowelle, einen Mixer, einen Herd, eine Tiefkühltruhe und einen neuen Kühlschrank.

. . . .

. . . .

. . . .

. . . .

Für das Elternschlafzimmer brauchen Sie ein Doppelbett, zwei Kommoden, einen Spiegel, eine Lampe, vier Bilder, einen Kleiderschrank und einen Wecker.

....

....

....

Für das Wohnzimmer brauchen Sie einen Tisch, eine Couch, einen Fernseher, einen Wohnzimmerschrank, Gardinen und eine Stehlampe.

....

....

....

Für das Kinderschlafzimmer brauchen Sie ein Einzelbett und ein Etagenbett.

....

Für das Kinderzimmer brauchen Ihre Kinder drei Schreibtische, drei Stühle, ein Sofa, einen Sessel, drei Tischlampen und einen PC.

....

....

....

Für den Hobbyraum brauchen Sie nichts.

....

Für den Flur brauchen Sie ein Regal, eine Garderobe und einen Ständer.

....

....

Sie müssen auch einen neuen Briefkasten kaufen.

....

....

Für das Badezimmer brauchen Sie ein Waschbecken, vier Hängeschränke, einen Wäschekorb und zwei kleine Schränke.

....

....

Das Haus hat auch einen eigenen Aufzug.

....

Mein Blatt

Mein Blatt

Sätze in den Vergangenheitsformen

Wir sind umgezogen.

. . . .

Wir hatten früher ein großes Haus.

. . . .

Es war ein Einfamilienhaus.

. . . .

Die Kaltmiete war hoch.

. . . .

Ich konnte das Haus nicht mehr finanzieren. Ich war überfordert.

. . . .

. . . .

Das Haus lag im Zentrum.

. . . .

Die Gegend war laut. Der Lärm war unerträglich.

. . . .

Es gab einen sehr schönen Sportplatz.

. . . .

Wir haben das Haus komplett renoviert und tapeziert.

. . . .

. . . .

Die Strom- und Wasserleitungen waren verrostet.

. . . .

. . . .

Wir haben das Haus umgebaut.

. . . .

Wir haben eine Baufirma beauftragt.

. . . .

Unser Grundstück war ungefähr 150 Quadratmeter groß.

. . . .

. . . .

Wir hatten einen eigenen Garten mit einem Carport.

. . . .

Wir kauften Gartenwerkzeuge.

. . . .

Wir hatten keine Schaufel und keinen Spaten.

. . . .

Unsere Heizung funktionierte nicht.

. . . .

Wir haben mehrmals den Vermieter angeschrieben. Er hat nicht reagiert.

. . . .

. . . .

Wir haben uns über die Mängel beschwert.

. . . .

Er hat sich nie gemeldet.

. . . .

Wir hatten ein Gartenhaus, eine Hütte, ein Schaukelpferd, eine Rutsche und andere Sachen.

. . . .

. . . .

Unsere Kinder hatten keinen Platzmangel.

. . . .

Links von uns wohnte ein Ehepaar.

. . . .

Rechts von uns wohnte eine Frau mit ihrer Tochter.

. . . .

Direkt vor uns wohnten meine Verwandten und unsere Bekannten.

. . . .

. . . .

Hinter unserem Haus war eine Werkstatt.

. . . .

Wir haben uns sehr gut verstanden.

. . . .

Wir hatten selten Streit.

. . . .

Wir haben manchmal zusammen gegrillt und gefeiert.

. . . .

. . . .

Unsere Kinder haben immer Weihnachtsgeschenke bekommen.

. . . .

. . . .

Der Schornstein wurde einmal im Jahr gereinigt.

. . . .

Wir hatten eine Ecke extra für unsere Mülltonnen.

. . . .

Unsere Schneeschaufel war kaputt.

. . . .

Wir haben unsere Kaution und auch unsere Provision bezahlt.

. . . .

. . . .

Der Makler verlangte von uns Maklergebühren.

. . . .

. . . .

Das Waschbecken, der Wasserhahn, die Dusche und die Badewanne wurden repariert.

. . . .

. . . .

Wir hatten keinen Telefonanschluss.

. . . .

Das Haus war in einem maroden Zustand.

. . . .

Unser Haus bestand aus drei Etagen.

. . . .

Im Erdgeschoss gab es eine moderne Einbauküche, ein Wohnzimmer, einen Abstellraum, einen Flur, ein Elternschlafzimmer, ein Büro und ein Gästezimmer.

. . . .

. . . .

. . . .

Im ersten Stockwerk haben meine Kinder gewohnt.

. . . .

. . . .

Das Dachgeschoss war vermietet.

. . . .

Im Keller gab es einen Waschraum und auch andere Räume.

. . . .

. . . .

Das Wohnzimmer war quadratischund groß.

. . . .

Unser Balkon war kreisförmig.

. . . .

Der Abstellraum war rechteckig.

. . . .

Im Erdgeschoss befand sich unser Restaurant.

. . . .

Neben unserem Restaurant gab es einen Fahrradladen und eine Filiale der Sparkasse.

. . . .

. . . .

Unsere Töchter wohnten über uns.

. . . .

In der Nähe gab es eine Tankstelle.

. . . .

Das Haus wurde frisch gestrichen.

. . . .

Wir hatten einen separaten Eingang.

. . . .

Wir mussten zum Glück keine Provision und auch keine Kaution bezahlen.

. . . .

. . . .

Wir mussten jeden Monat unsere Kaltmiete überweisen.

. . . .

Die Warmmiete betrug tausend Euro.

. . . .

Dazu kamen auch unsere Stromkosten.

. . . .

Wir mähten zweimal in der Woche unseren Garten.

. . . .

. . . .

Das war anstrengend. Wir waren überfordert.

. . . .

. . . .

Unsere Kinder haben uns bei der Arbeit nie geholfen.

. . . .

. . . .

Der Geruch im Keller war unerträglich.

. . . .

Die Wände waren im Winter nass.

. . . .

Wir haben einen Nachmieter gefunden.

. . . .

Der Nachmieter hat mit mir telefoniert.

. . . .

Wir haben einen Termin mit dem Vermieter vereinbart.

. . . .

. . . .

Wir haben die Kündigung fristgerecht verschickt.

. . . .

. . . .

Wir haben drei Mülltonnen gehabt.

. . . .

Die Wasserleitungen waren dreckig und verstopft.

. . . .

Mein Blatt

Das Wohngeld

Frage: Sind Sie Frau/Herr ....

....

Antwort: Ja, ich bin Frau/Herr ....

....

Frage: Wie ist Ihr Name?

....

Antwort: Mein Name ist........................

....

Frage: Ist das Ihr Vorname?

....

Antwort: Ja, das ist mein Vorname.

....

Nein, das ist mein Nachname.

....

Ich entschuldige mich dafür.

....

Frage: Haben Sie einen Termin?

. . . .

Antwort: Ja, ich habe einen Termin.

. . . .

Frage: Wann ist Ihr Termin?

. . . .

Antwort: Mein Termin ist um . . . . Uhr.

. . . .

Frage: Haben Sie den Brief dabei?

. . . .

Antwort: Ja, ich habe auch den Brief dabei.

. . . .

Frage: Warum stehen Sie vor der Tür?

. . . .

Antwort: Ich warte auf meine Frau. Sie kommt gleich.

. . . .

. . . .

Frage: Darf ich mich hinsetzen?

. . . .

Antwort: Ja, die Stühle sind dafür da.

. . . .

Frage: Was kann ich für Sie tun?

. . . .

Antwort: Ich möchte einen Antrag auf Wohngeld stellen.

. . . .

. . . .

Frage: Haben Sie schon mal einen Antrag auf Wohngeld gestellt?

. . . .

. . . .

Antwort: Nein, das ist das erste Mal.

. . . .

Frage: Haben Sie Ihren Ausweis dabei?

. . . .

Antwort: Ja, das ist mein Ausweis.

. . . .

Frage: Arbeiten Sie?

. . . .

Antwort: Ja, ich arbeite. Ich habe einen Minijob.

....

Meine Frau ist in einer Teilzeitbeschäftigung.

....

Frage: Was soll ich machen?

....

Antwort: Sie müssen dieses Formular vollständig ausfüllen und es wieder zurückgeben.

....

....

Ich brauche noch Ihre Verdienstbescheinigungen und Ihre Kontoauszüge.

....

....

Sie können Ihre Unterlagen an der Information abgeben.

....

....

Sie werden von uns benachrichtigt.

....

Frage: Wann werden wir benachrichtigt?

....

Antwort: Wir müssen zuerst nachprüfen, ob Sie Anspruch auf Wohngeld haben.

. . . .

. . . .

Das kann einige Wochen in Anspruch nehmen.

. . . .

Mein Blatt

Sätze in den Vergangenheitsformen

Unser Antrag wurde abgelehnt.

. . . .

Wir hatten keinen Anspruch auf Wohngeld.

. . . .

Die Sachbearbeiterin rief uns an.

. . . .

Er hat unsere Unterlagen kopiert.

. . . .

21 Der Einkauf

Frage: Kann ich Ihnen helfen?

....

Antwort: Ja, ich möchte eine Winterjacke kaufen.

....

Frage: Haben Sie bestimmte Wünsche oder Vorstellungen?

....

....

Antwort: Ja, die Jacke muss schwarz sein.

....

Frage: Welche Größe haben Sie denn?

....

Antwort: Meine Größe ist XXL.

....

Frage: Würden Sie einmal mitkommen?

....

Antwort: Ja, ich komme mit.

....

Frage: Wo sind die Winterjacken?

. . . .

Antwort: Da sind die Jacken. Auf der linken Seite sind die Umkleidekabinen.

. . . .

. . . .

Dort können Sie sie anprobieren.

. . . .

Frage: Wo kann ich bezahlen?

. . . .

Antwort: Bezahlen Sie bitte an der Kasse.

. . . .

Frage: Haben Sie sonst noch Wünsche oder Fragen?

. . . .

. . . .

Antwort: Ja, ich habe noch eine Frage.

. . . .

Frage: Darf ich die Jacke umtauschen, wenn sie mir nicht gefällt?

. . . .

. . . .

Antwort: Ja, Sie dürfen sie natürlich umtauschen.

. . . .

Sie müssen nur den Kassenbon gut aufbewahren.

. . . .

Frage: Wo ist die Damenabteilung?

. . . .

Antwort: Sie ist neben dem Haupteingang.

. . . .

Frage: Wie kann ich Ihnen helfen?

. . . .

Antwort: Ich möchte Ringe, eine Halskette und eine Krone kaufen.

. . . .

. . . .

Sätze in den Vergangenheitsformen

Er ist zur Herren-Abteilung gegangen.

. . . .

Ich habe eine Hose, einen Rock, einen Stiefel, einen Wintermantel, einen Pullover, Unterwäsche, ein Top und ein Hemd gekauft.

. . . .

. . . .

. . . .

Das war nicht meine Größe.

. . . .

Du bist in die Umkleidekabine gegangen.

. . . .

Ich habe den Anzug anprobiert.

. . . .

Meine Tochter hat Schmuck gekauft.

. . . .

Sie hat eine Pinzette, Lippenstifte, eine Packung Handcreme und eine Schere gekauft.

. . . .

. . . .

Ihr habt auch Unterwäsche gekauft.

. . . .

Sein Sohn hat sein Hemd umgetauscht.

. . . .

Ich habe den Kassenbon gut aufbewahrt.

. . . .

Ich habe alles aufgeschrieben.

. . . .

Ich habe an der Kasse bezahlt. Die Kassiererin hat alles gerechnet.

. . . .

. . . .

Ich habe auch Winterklamotten gekauft.

. . . .

Ich war gerade im Zentrum und habe Sachen gekauft.

. . . .

Sie ist kurz im Marktkauf gewesen.

. . . .

Er hat viele Sachen gekauft. Er hat Socken vergessen.

. . . .

. . . .

Es gab Rabatt. Viele Sachen waren reduziert.

. . . .

Mein Blatt

22 Fleißiger Kellner

Frage: Darf ich Ihnen unsere Speisekarte geben?

. . . .

Antwort: Ja, ich habe so großen Hunger.

. . . .

Frage: Haben Sie sich entschieden?

. . . .

Antwort: Ja, ich möchte bitte die Nummer . . . . haben.

. . . .

Als Vorspeise nehme ich eine Suppe.

. . . .

Frage: Was möchten Sie dazu trinken?

. . . .

Antwort: Ich möchte ein Glas Apfelsaft.

. . . .

Frage: Haben Sie auch alkoholfreie Getränke?

. . . .

Antwort: Ja, wir haben auch alkoholfreie Getränke.

. . . .

Frage: Hat es Ihnen geschmeckt?

. . . .

Antwort: Es hat sehr gut geschmeckt.

. . . .

Ich bin satt. Ich nehme den Rest mit.

. . . .

Mein Zug fährt gleich.

. . . .

Sie kriegen zwanzig Euro von mir.

. . . .

Der Rest ist Ihr Trinkgeld.

. . . .

Der Rest ist für Sie.

. . . .

Ich wünsche Ihnen eine gute Reise.

. . . .

23 Eine telefonische Tischreservierung

Frage: Wer ist am Apparat?

. . . .

Antwort: XY ist am Apparat.

. . . .

Frage: Was kann ich für Sie tun?

. . . .

Antwort: Ich möchte bitte einen Tisch reservieren.

. . . .

Frage: Wann möchten Sie kommen?

. . . .

Antwort: Wir möchten heute Abend um 18:00 Uhr kommen.

. . . .

. . . .

Frage: Wie viele Personen sind Sie?

. . . .

Antwort: Wir sind fünf Personen.

. . . .

Frage: Gibt es auch Kindersitze?

. . . .

Antwort: Ja, wir haben auch Kindersitze.

. . . .

Frage: Wie ist Ihr Name?

. . . .

Antwort: Mein Name ist. . . . .

. . . .

Frage: Würden Sie mir bitte Ihren Namen buchstabieren?

. . . .

. . . .

Antwort: Ja, das ist kein Problem.

. . . .

Frage: Haben Sie noch Wünsche oder Fragen?

. . . .

. . . .

Antwort: Nein, ich habe keine Fragen mehr.

. . . .

Frage: Kann ich Sie telefonisch erreichen?

. . . .

Antwort: Ja, ich gebe Ihnen meine Handynummer.

. . . .

. . . .

Mein Blatt

. . . .

. . . .

. . . .

. . . .

. . . .

. . . .

. . . .

. . . .

. . . .

. . . .

. . . .

. . . .

. . . .

. . . .

. . . .

. . . .

. . . .

. . . .

. . . .

. . . .

Sätze in den Vergangenheitsformen

Ich habe einen Tisch für fünf Personen reserviert.

. . . .

. . . .

Wir haben eine Familien-Pizza bestellt.

. . . .

Ich habe meine Bestellung abgeholt.

. . . .

Wir haben im Restaurant gegessen.

. . . .

Das hat zusammen vierzig Euro gemacht.

. . . .

Wir haben getrennt bezahlt.

. . . .

Ich habe in bar bezahlt.

. . . .

Der Kellner freute sich, weil wir ihm Trinkgeld gegeben haben.

. . . .

. . . .

Der Service war echt toll.

. . . .

Ich habe eine Pizza, eine Portion Pommes und einen Salat bestellt.

. . . .

. . . .

Wir haben auch Getränke bestellt.

. . . .

Die Vorspeise hat sehr gut geschmeckt.

. . . .

Sie hat sich beim Ober beschwert.

. . . .

Die Pizza war roh.

. . . .

Ich konnte die Nachspeise nicht mehr essen.

. . . .

. . . .

Ich war satt. Ich hatte keinen Hunger mehr. Ich hatte Durst.

. . . .

. . . .

Mein Sohn hat noch ein Glas Bier bestellt. Ihr habt Tee getrunken.

. . . .

. . . .

. . . .

Meine Eltern haben alkoholfreie Getränke bestellt.

. . . .

. . . .

Mein Schwiegervater arbeitete als Pizza-Bäcker.

. . . .

. . . .

Die Theke war aus Holz und Metall.

. . . .

Meine Schwiegereltern haben früher ein eigenes Restaurant gehabt.

. . . .

. . . .

Meine Nichte hat an der Theke gearbeitet. Sie arbeitete ab und zu als Kassiererin .

. . . .

. . . .

Meine Schwiegermutter arbeitete als Köchin.

. . . .

. . . .

Mein Neffe hat die Ware bestellt.

. . . .

Er war Pizza-Lieferant und nahm auch Bestellungen auf.

. . . .

. . . .

Unsere Kunden waren sehr zufrieden. Wir hatten viele Stammkunden.

. . . .

. . . .

Dienstags war Ruhetag.

. . . .

Unser Restaurant war nachmittags geöffnet.

. . . .

Wir haben regelmäßig Prospekte verteilt.

. . . .

Unser Restaurant war in der Region bekannt. Wir hatten einen sehr guten Ruf.

. . . .

. . . .

Ich habe eine Runde ausgegeben.

. . . .

Die Lage war sehr gut, und wir hatten viele Parkplätze zur Verfügung.

. . . .

. . . .

Wir haben selten Reklamationen bekommen.

. . . .

Wir machten internationale Spezialitäten.

. . . .

Wir hatten kaum Fertigprodukte. Alles war frisch.

. . . .

. . . .

Die Räume waren immer sauber.

. . . .

Unser Restaurant hatte auch einen großen Saal.

. . . .

. . . .

Man konnte dort Geburtstage feiern.

. . . .

Wir haben alle Tische dekoriert, vorbereitet und gedeckt.

. . . .

. . . .

Wir hatten eine große Spülmaschine.

. . . .

In der Küche gab es einen Geschirrspüler, ein Waschbecken, eine Arbeitsplatte, Kühlschränke und eine Tiefkühltruhe.

. . . .

. . . .

. . . .

Wir hatten auch ein Kühlhaus.

. . . .

Der Müll musste jeden Tag sortiert und entsorgt werden.

. . . .

. . . .

Wir hatten große Mülltonnen und eine Mulde.

. . . .

. . . .

Alle Mitarbeiter haben gleiche Arbeitsklamotten und Mützen getragen.

. . . .

. . . .

Ich habe am Wochenende nur Getränke gezapft.

. . . .

. . . .

Der Laden war am Wochenende voll.

. . . .

Dreimal in der Woche kam unsere Ware.

. . . .

Der Lieferant kam immer pünktlich.

. . . .

Wir hatten auch einen Klempner und einen Elektriker.

. . . .

. . . .

Jeder Mitarbeiter hatte eine bestimmte Aufgabe.

. . . .

Ich arbeitete als Buchhalter.

. . . .

Meine Schwiegertochter kümmerte sich um das Küchenpersonal.

. . . .

. . . .

Mein Onkel kam nur gelegentlich zum Restaurant.

. . . .

. . . .

Das war ein Familienbetrieb.

. . . .

Wir hatten auch eine Reinigungskraft.

. . . .

Sie musste zweimal in der Woche alles gründlich sauber machen.

. . . .

. . . .

Wir hatten zahlreiche Salatsorten.

. . . .

Eine Pizza kostete nur sieben Euro.

. . . .

Wir haben unsere Ware meistens telefonisch bestellt.

. . . .

. . . .

Die Arbeit war anstrengend, aber ich fühlte mich wohl.

. . . .

. . . .

Ich habe freitags, samstags und sonntags durchgehend gearbeitet.

. . . .

. . . .

Wir hatten ungefähr achthundert Stammgäste.

. . . .

. . . .

Ich nahm mir zwei Tage frei.

. . . .

Ich habe nachmittags und abends nur Bestellungen aufgenommen.

. . . .

. . . .

Ich habe mir alle Adressen aufgeschrieben.

. . . .

Jeder Kunde hatte eine Kundennummer.

. . . .

Wir waren ehrlich zu unseren Kunden. Die Kunden haben sich bei uns bedankt.

. . . .

. . . .

Der Pizza-Bäcker backte manchmal 150 Pizzen an einem Tag.

. . . .

. . . .

Sie half ihm bei der Vorbereitung.

. . . .

Die Waschmaschine war teuer.

. . . .

Unser Arbeitgeber kaufte einen gebrauchten Backofen. Er war sparsam.

. . . .

. . . .

Die Teigrührmaschine funktionierte gut.

. . . .

Die Mikrowelle, der Toaster und der Mixer hatten noch ein Jahr Garantie.

. . . .

. . . .

Wir haben unser Gehalt immer zum Monatsende bekommen.

. . . .

. . . .

Die Köchin hat sich verletzt. Es war ein Arbeitsunfall.

. . . .

. . . .

Das Messer war scharf. Es war nicht stumpf.

. . . .

Der Gast bekam ein Getränk umsonst.

. . . .

Er hat drei Pizzen online bestellt.

. . . .

Meine Tochter hatte eine eigene Pizzeria.

. . . .

Ich musste alle Rechnungen rechtzeitig ans Finanzamt überweisen.

. . . .

. . . .

Die Chefin hat zweimal in der Woche vierzig Packungen Mehl, zehn Kisten Milch, elf Dosen Thunfisch, Sardellen, ein Pfund Käse, Hackfleisch und Bohnen bestellt.

. . . .

. . . .

. . . .

Wir haben auch unser Weihnachtsgeld ohne Abzüge bekommen.

. . . .

. . . .

Ich habe 2.000 Euro netto bekommen.

. . . .

Wir haben Kartoffeln, Möhren, eine Kiste Tomaten, einen Sack Zwiebeln, ein Kilo Apfelsinen, Schnittlauch, Rosinen, Pfefferminze, Mandeln, Erdnüsse, Walnüsse, eine Mango, Bananen, eine Packung Datteln, Erbsen, Kichererbsen, Auberginen, Weintrauben, Pistazien und eine Fritteuse gekauft.

....

....

....

....

....

....

Ihr habt auch einen Löffel, Gabeln, einen Teller, Töpfe, Tassen, Untertassen, eine Salatschüssel, eine Pfanne, einen Flaschenöffner, ein Messer und Obstschalen gekauft.

....

....

....

Du hast ein Schwarzbrot, ein Baguette, ein Rosinenbrötchen und ein Stück Kuchen gekauft.

....

....

Der Chef war gerade im Supermarkt.

....

Wir hatten keine Wäscheklammern und keine Wäscheleine.

....

....

Wir hatten auch kein Waschmittel und kein Reinigungsmittel mehr.

. . . .

. . . .

Der Koch ging zum Metzger. Die Metzgerei war in der Nähe.

. . . .

. . . .

Der Einkaufswagen war voll.

. . . .

Wir haben Kartoffelsäcke, zwei Kisten Wasser und Gewürze in den Abstellraum gebracht.

. . . .

. . . .

Ich habe in der Bäckerei angerufen.

. . . .

Ich habe mich beschwert.

. . . .

Die Butter war vergammelt.

. . . .

Die Tomaten waren verfault. Sie waren noch nicht reif.

. . . .

. . . .

Ich hatte einen Einkaufszettel.

. . . .

Der Kühlschrank war leer.

. . . .

Der Koch hat gemeckert.

. . . .

Die Ware ist nicht rechtzeitig gekommen.

. . . .

Mein Blatt

24 Der Sprachkurs

Frage: Finden demnächst keine Sprachkurse statt?

....

....

Antwort: Doch, das ist doch eine Sprachschule.

....

Frage: Haben Sie früher Sprachkurse besucht?

....

Antwort: Nein, ich habe bis jetzt noch keine Sprachkurse besucht.

....

....

Sie kriegen einen Termin für den Einstufungstest.

....

....

Falls Sie zum Termin nicht kommen können, informieren Sie mich bitte rechtzeitig.

....

....

Frage: Kann ich einige Fragen stellen?

. . . .

Antwort: Ja, das können Sie machen.

. . . .

Frage: Muss man jeden Tag zum Sprachkurs kommen?

. . . .

. . . .

Antwort: Nein, die Kurse finden nur viermal in der Woche statt.

. . . .

. . . .

Die Termine sind fest. Es gibt selten Abweichungen.

. . . .

. . . .

Frage: Wie viele Stunden sind es am Tag ?

. . . .

Antwort: Der Unterricht dauert . . . . Stunden.

. . . .

Es sind insgesamt . . . . .Stunden am Tag.

. . . .

Frage: Muss ich alle Bücher kaufen?

....

Antwort: Die Bücher und die Stifte müssen Sie wahrscheinlich besorgen.

....

....

Frage: Wann sind die Pausen?

....

Antwort: Sie kriegen alle Informationen am ersten Tag.

....

....

Frage: Muss ich die Kursgebühren bezahlen?

....

Antwort: Ich gucke mir Ihre Unterlagen an.

....

Frage: Wann fängt der Kurs an?

....

Antwort: Sie kriegen eine schriftliche Mitteilung von uns.

....

....

Frage: Gibt es auch Kurse am Nachmittag?

. . . .

Antwort: Ich kann Ihnen jetzt keine Informationen geben.

. . . .

. . . .

Frage: Sind Sie berufstätig?

. . . .

Antwort: Ja, ich muss vormittags arbeiten.

. . . .

Frage: Kommen Abendkurse für Sie in Frage?

. . . .

Antwort: Ja, ein Abendkurs wäre toll.

. . . .

25 Keine Zeitverschwendung

Frage: Haben Sie nächsten Dienstag am Nachmittag Zeit?

. . . .

Antwort: Nein, ich habe keine Zeit.

. . . .

Frage: Müssen Sie zum Arzt gehen?

. . . .

Antwort: Nein, ich bin kerngesund.

. . . .

Ich gehe zur Volkshochschule.

. . . .

Frage: Sie gehen zur VHS? Warum?

. . . .

Antwort: Ich besuche zurzeit einen Sprachkurs. Ich lerne Deutsch.

. . . .

. . . .

Frage: Lernen Sie jeden Tag?

. . . .

Antwort: Nein, ich lerne dreimal in der Woche.

. . . .

. . . .

Frage: Seit wann besuchen Sie diesen Sprachkurs?

. . . .

. . . .

Antwort: Ich besuche diesen Sprachkurs seit ungefähr einem Jahr.

. . . .

. . . .

Ich kann meinen Alltag bewältigen. Ich bin positiv überrascht.

. . . .

. . . .

Ich brauche niemanden mehr. Ich brauche keinen Dolmetscher mehr.

. . . .

. . . .

Frage: Ist das nicht hervorragend?

. . . .

Antwort: Das ist echt hervorragend.

. . . .

Sie sprechen jetzt wesentlich besser als früher. Es freut mich.

. . . .

. . . .

Frage: Wie lange möchten Sie diesen Sprachkurs noch besuchen?

. . . .

. . . .

Antwort: Ich möchte auf jeden Fall die B1-Prüfung bestehen.

. . . .

. . . .

Frage: Gibt es bestimmte Regeln, die man berücksichtigen muss?

. . . .

. . . .

Antwort: Sicher. Man muss regelmäßig am Sprachkurs teilnehmen.

. . . .

. . . .

Wenn man krank ist, muss man ein Attest vom Arzt mitbringen.

. . . .

. . . .

Ich kann es nur empfehlen, Sprachkurse zu besuchen.

. . . .

Sätze in den Vergangenheitsformen

Ich habe mich angemeldet.

....

Der Sachbearbeiter hat meinen Personalausweis, meine Verdienstbescheinigung, die Bewilligung vom Bundesamt und das Schreiben vom Jobcenter kopiert.

....

....

Die Sachbearbeiterin hat viele Fragen gestellt.

....

Ich habe alle Fragen beantwortet. Ich war mit einer Dolmetscherin dort.

....

....

Die Dolmetscherin hat alle Fragen übersetzt.

....

....

Zwei Wochen später rief sie mich an.

....

Alle Kurse waren voll. Mein Name stand schon auf der Warteliste.

. . . .

. . . .

Er hat mir einen Brief geschickt. Ich konnte ihn leider nicht verstehen.

. . . .

. . . .

Mein Cousin/Meine Cousine hat den Brief gelesen.

. . . .

. . . .

Die Sachbearbeiterin hat alles telefonisch abgeklärt.

. . . .

. . . .

Ich bin regelmäßig zum Sprachkurs gegangen.

. . . .

. . . .

Wir hatten auch Pausen.

. . . .

Die erste Pause dauerte zwanzig Minuten.

. . . .

Die zweite Pause hat zehn Minuten gedauert.

. . . .

. . . .

In der Pause rauchte er Zigaretten.

. . . .

Sie hörte Musik. Ihr habt ein Stück Kuchen gegessen.

. . . .

. . . .

Um Viertel vor acht mussten wir zur Schule gehen.

. . . .

. . . .

Ich habe mich an alle Regeln gehalten.

. . . .

Der Kurs hat mir sehr gut geholfen.

. . . .

Ich habe viele Menschen kennengelernt.

. . . .

Ich habe die Prüfung bestanden.

. . . .

Ich habe zum Schluss mein Zertifikat bekommen.

. . . .

. . . .

Ich konnte früher kaum Deutsch sprechen.

. . . .

Ich fühlte mich nicht wohl. Ich habe mich geschämt.

. . . .

. . . .

Alle haben sich über mich lustig gemacht. Ihr habt mich beleidigt.

. . . .

. . . .

Ich war auf fremde Hilfe angewiesen.

. . . .

Ich musste immer jemanden als Übersetzer haben.

. . . .

. . . .

Das war einfach peinlich.

. . . .

Mein Blatt

. . . .

. . . .

. . . .

. . . .

. . . .

. . . .

. . . .

. . . .

. . . .

. . . .

. . . .

. . . .

. . . .

. . . .

. . . .

. . . .

. . . .

. . . .

. . . .

. . . .

26 Neues Konto

Frage: Was kann ich für Sie tun?

. . . .

Antwort: Ich möchte bitte ein neues Konto eröffnen.

. . . .

. . . .

Frage: Haben Sie schon ein Konto bei uns?

. . . .

Antwort: Nein, ich habe noch kein Konto.

. . . .

Frage: Haben Sie Ihren Personalausweis mit?

. . . .

Antwort: Ja, ich habe meinen Personalausweis mit.

. . . .

Frage: Verstehen Sie gut Deutsch?

. . . .

Antwort: Ja, ich habe auch ein Wörterbuch.

. . . .

Frage: Was müssen Sie jetzt machen?

. . . .

Antwort: Ich trage Ihre Daten ein.

. . . .

Sie müssen bitte einmal unterschreiben.

. . . .

Das ist Ihre Kontonummer.

. . . .

In zwei Wochen bekommen Sie Ihre Geheimnummer zugeschickt.

. . . .

. . . .

Die dürfen Sie bitte niemandem zeigen!

. . . .

Danach kriegen Sie auch Ihre Karte.

. . . .

Mit der Karte können Sie überall Geld abheben.

. . . .

. . . .

Sie müssen dafür nicht extra zur Sparkasse kommen.

. . . .

. . . .

Frage: Kann man überall in Deutschland Geld abheben?

. . . .

. . . .

Antwort: Sie können überall in der Bundesrepublik Deutschland Geld abheben.

. . . .

. . . .

Frage: Haben Sie sonst noch Fragen?

. . . .

Antwort: Nein, ich habe momentan keine Fragen.

. . . .

Sätze in den Vergangenheitsformen

Meine Karte ist verschwunden.

. . . .

Ich habe mein Konto sperren lassen.

. . . .

Ich habe in der Zentrale angerufen.

. . . .

Wir hatten ein gemeinsames Konto.

. . . .

Unsere Töchter hatten ihre Sparbücher bei der Sparkasse.

. . . .

. . . .

Ich habe einen Kredit aufgenommen.

. . . .

Wir haben den ganzen Betrag überwiesen.

. . . .

. . . .

Ich habe die Kontonummer, den Empfänger und den Verwendungszweck eingegeben.

. . . .

. . . .

Ihr habt den gesamten Betrag in bar bezahlt.

. . . .

. . . .

Ich musste meine Gehaltsbescheinigung vorbeibringen.

. . . .

. . . .

Der Bankangestellte hat alle Kontoauszüge ausgedruckt.

. . . .

. . . .

Die Bank hat meinen Fahrzeugbrief behalten.

. . . .

. . . .

Ich hatte kein Wechselgeld.

. . . .

Sie hatte nur Scheine.

. . . .

Die Monatsbeiträge wurden von unserem Konto abgebucht.

. . . .

. . . .

Die Bank hat euer Konto gesperrt.

. . . .

. . . .

Er hat den Betrag wieder storniert.

. . . .

. . . .

Seine Kreditkarte war nicht mehr gültig.

. . . .

. . . .

Sie hat ihr Konto aufgelöst.

. . . .

Du hast früher ein eigenes Konto gehabt.

. . . .

. . . .

Mein Schwiegervater hatte kein Bargeld.

. . . .

. . . .

Ich hatte Münzen.

. . . .

Der Euro hat an Wert verloren.

. . . .

Der Arbeitgeber hat mein Gehalt zum Monatsende überwiesen.

. . . .

. . . .

Wir haben unsere Kontoauszüge sorgfältig aufbewahrt.

. . . .

. . . .

Sie ging zum Kundenberater.

. . . .

Du hast deine IBAN vergessen.

. . . .

Sie gab ihren BIC falsch ein.

. . . .

Der Geldautomat lag direkt hinter dem Haupteingang.

. . . .

. . . .

Der Betrag wurde verzinst.

. . . .

Die Zinsen waren zum Glück niedrig.

. . . .

Der Händler hat Geld abgehoben.

. . . .

Alle Kunden hatten Schließfächer bei der Bank.

. . . .

. . . .

Ich habe meine Geheimnummer auswendig gelernt.

. . . .

. . . .

Der Ober hatte Schulden.

. . . .

Ein Betrag in Höhe von . . . . Euro war noch offen.

. . . .

Ich habe endlich meine Schulden beglichen.

. . . .

. . . .

Ich hatte keine Schulden.

. . . .

Ich konnte nicht alle Kosten abdecken.

. . . .

. . . .

Der Unternehmer war anfangs überschuldet.

. . . .

. . . .

Wir hatten nicht genug Geld.

. . . .

Er hat uns betrogen.

. . . .

Sie hat sich Geld geliehen.

. . . .

Der Millionär hat sein Vermögen wahrscheinlich ins Ausland verlegt.

. . . .

. . . .

Das Finanzamt hat tausend Euro beschlagnahmt.

. . . .

Wir haben Geld gespendet.

. . . .

Ich habe Geld abgehoben.

. . . .

Du hast dein Geld eine Woche später überwiesen.

. . . .

. . . .

Der LKW-Fahrer hat sein Konto aufgelöst.

. . . .

. . . .

Die Erzieherin hat Kredite aufgenommen.

. . . .

. . . .

Wir haben monatlich siebzig Euro bezahlt.

. . . .

. . . .

Der Betrag wurde vom Konto abgebucht.

. . . .

. . . .

Wir haben alle Kontoauszüge abgeheftet.

. . . .

Ich nahm den Betrag zurück.

. . . .

Der reiche Mann hatte ein Sparbuch.

. . . .

Der Junge hat ein eigenes Konto gehabt.

. . . .

Ich hatte kein Guthaben mehr.

. . . .

Ich habe mein Taschengeld von meinen Eltern bekommen.

. . . .

. . . .

Der Maurer hat sein Geld online überwiesen.

. . . .

. . . .

Ich habe mit meinem Berater einen Termin vereinbart.

. . . .

. . . .

Der Geldautomat war defekt.

. . . .

Der Bauer hatte einen Bausparvertrag.

. . . .

Der Student hat neunundneunzig Euro eingezahlt.

. . . .

. . . .

Mein Blatt

Mein Blatt

27 Fragen im Reisebüro

Frage: Was ist Ihr Anliegen?

. . . .

Antwort: Wir möchten in diesem Sommer in . . . . eine Woche Urlaub machen.

. . . .

. . . .

Antwort: Das ist schön.

. . . .

Frage: Können wir uns die aktuellen Reiseangebote angucken?

. . . .

. . . .

Antwort: Ja, sicher.

. . . .

Für unsere Stammkunden haben wir meistens preiswerte Angebote.

. . . .

. . . .

Sie können sich diese Angebote angucken.

. . . .

Frage: Gefällt Ihnen das Angebot?

. . . .

Antwort: Ja, dieses Angebot gefällt uns sehr.

. . . .

. . . .

Wir haben noch einige Fragen zu diesem Angebot.

. . . .

. . . .

Frage: Könnten Sie uns bitte das Hotel beschreiben?

. . . .

. . . .

Antwort: Ja, selbstverständlich.

. . . .

Das ist ein Fünf-Sterne-Hotel.

. . . .

Das Hotel liegt am Strand.

. . . .

Es sind circa zehn Minuten bis zum Strand.

....

....

Die Zimmer sind toll ausgestattet.

....

Jedes Zimmer hat einen Fernseher, ein Telefon und eine moderne Dusche.

....

....

Jedes Zimmer hat auch einen Balkon.

....

Im ersten Stockwerk gibt es einen großen Frühstücksraum mit einem tollen Buffet.

....

....

Die Atmosphäre ist echt angenehm.

....

Die HotelmitarbeiterInnen beherrschen außerdem verschiedene Sprachen.

....

....

Die Entscheidung ist echt super.

. . . .

Das klingt gut.

. . . .

Frage: Wann genau möchten Sie abfliegen?

. . . .

. . . .

Antwort: Wir möchten im Juli abfliegen.

. . . .

. . . .

Frage: Haben Sie eine Minute Zeit?

. . . .

Antwort: Ja, wir haben Zeit.

. . . .

Frage: Müssen Sie nachgucken?

. . . .

Antwort: Ja, ich schaue mal nach.

. . . .

Ich habe noch zwei Plätze frei.

. . . .

Ich muss in der Zentrale anrufen.

. . . .

Der Abflug ist um acht Uhr.

. . . .

Frage: Wann kommt das Flugzeug in . . . . an?

. . . .

Antwort: Die Flugzeit beträgt ca. . . . . Stunden.

. . . .

Gegen . . . . Uhr kommt das Flugzeug in . . . . an.

. . . .

Seien Sie bitte wegen der Gepäckausgabe usw. rechtzeitig am Flughafen!

. . . .

. . . .

Es gibt Dauerparkplätze. Sie können die Parkplätze mieten.

. . . .

. . . .

Frage: Haben Sie Ihre Ausweise mit?

. . . .

Antwort: Ja, wir haben unsere Dokumente mit.

. . . .

. . . .

Frage: Wollen Sie unsere Ausweise kopieren?

. . . .

. . . .

Antwort: Ja, ich trage Ihre Daten ein.

. . . .

. . . .

Frage: Möchten Sie in bar bezahlen? Möchten Sie auf unser Konto überweisen?

. . . .

. . . .

Antwort: Wir möchten lieber direkt auf das Konto überweisen.

. . . .

. . . .

Frage: Können Sie uns Ihre Bankdaten geben?

. . . .

Antwort: Das ist überhaupt kein Problem.

. . . .

Frage: Wann müssen wir spätestens bezahlen?

. . . .

Antwort: Überweisen Sie den Betrag bitte nächste Woche.

. . . .

. . . .

Sätze in den Vergangenheitsformen

Wir haben eine Woche Urlaub gemacht.

. . . .

Wir haben uns erholt.

. . . .

Wir haben eine stressfreie Woche verbracht.

. . . .

. . . .

Mein Blatt

28 Der Zug

Frage: Welcher Zug fährt nach . . . .

. . . .

Antwort: Auf der linken Seite ist die elektronische Tafel.

. . . .

. . . .

Frage: Welche S-Bahn/Welche U-Bahn fährt ins Zentrum?

. . . .

. . . .

Antwort: Am besten fragen Sie an der Information.

. . . .

. . . .

Ich habe keine Ahnung.

. . . .

Frage: Wann kommt der Bus/der Zug/die S-Bahn?

. . . .

. . . .

Antwort: Sie können sich den Fahrplan angucken.

. . . .

. . . .

Frage: Kann ich einen Fahrplan bekommen?

. . . .

. . . .

Antwort: Ja, sicher.

. . . .

Frage: Wo kann ich eine Fahrkarte kaufen?

. . . .

. . . .

Antwort: Dort ist der Fahrkartenautomat. Sie können auch zum Schalter gehen.

. . . .

. . . .

Frage: Was kostet eine Fahrkarte?

. . . .

Antwort: Eine Fahrkarte kostet . . . .

. . . .

Frage: Wohin möchten Sie fahren?

. . . .

Antwort: Ich möchte nach. . . . .
fahren.

. . . .

Frage: Möchten Sie eine einfache Fahrkarte haben?

. . . .

. . . .

Antwort: Ja, ich möchte eine einfache Fahrkarte haben.

. . . .

. . . .

Frage: Haben Sie auch Kinder mit?

. . . .

Antwort: Ja, ich habe drei Kinder.

. . . .

Frage: Warum fragen Sie?

. . . .

Antwort: Kleine Kinder bekommen Ermäßigung.

. . . .

. . . .

Das macht zusammen . . . . Euro.

. . . .

Frage: Haben Sie auch Wechselgeld?

. . . .

Antwort: Nein, ich habe nur Scheine.

. . . .

Ich habe kein Kleingeld.

. . . .

Meine Frau hat auch kein Kleingeld.

. . . .

Frage: Wie lange dauert die Fahrt?

. . . .

Antwort: Die Fahrt dauert ungefähr. . . . . .Stunden.

. . . .

Wenn der Zug Verspätung hat, dauert die Fahrt länger.

. . . .

. . . .

Frage: Fährt der Zug direkt nach. . . . . ?

. . . .

Antwort: Nein, Sie müssen in .... umsteigen.

....

Frage: Wann fährt der Zug ab?

....

Antwort: Die Abfahrt ist um 16:20 Uhr.

....

Frage: Wann kommt der Zug in .... an?

....

Antwort: Die Ankunft ist um 19:00 Uhr.

....

Frage: Von welchem Bahnsteig/Von welchem Gleis fährt der Zug?

....

....

Antwort: Gleis ....

....

Alle Gleise sind nummeriert.

....

Frage: Gibt es auch Toiletten?

....

Antwort: Ja, alle Züge haben Toiletten.

....

Frage: Sind die Toiletten für alle Fahrgäste?

....

....

Antwort: Ja. Ich wünsche Ihnen eine gute Fahrt.

....

....

Sätze in den Vergangenheitsformen

Ich bin mit dem Zug gefahren.

. . . .

Der Zug ist um 08:32 Uhr nach . . . . gefahren.

. . . .

Ich musste umsteigen. Ich bin bis halb sieben in . . . . geblieben.

. . . .

Wir haben auf den Zug gewartet. Der ICE ist pünktlich angekommen.

. . . .

. . . .

Ich habe in . . . . auf den Zug gewartet.

. . . .

. . . .

Der Zug hat sich um zehn Minuten verspätet.

. . . .

. . . .

Der Zug hat ungefähr eine Stunde Verspätung gehabt.

. . . .

. . . .

Ich hatte auch meinen Fahrplan dabei.

. . . .

Unser Zug ist um 14:10 Uhr in Berlin angekommen.

. . . .

. . . .

Der Zugschaffner hat meine Fahrkarte kontrolliert.

. . . .

. . . .

Ich habe eine Bahncard gekauft.

. . . .

Ich habe meinen Koffer mitgebracht. Meine Freundin hatte ihr Reisegepäck.

. . . .

. . . .

Er hatte seine Fahrkarte und seinen Fahrplan in einem Briefumschlag.

. . . .

. . . .

Der Fahrplan hing neben dem Schalter.

. . . .

Wir haben unsere Fahrpläne im Reisebüro bekommen.

. . . .

. . . .

Die Fahrt hat drei Stunden gedauert.

. . . .

Wir haben uns im Zug unterhalten.

. . . .

Der Intercity ist planmäßig gefahren.

. . . .

Euer Zug ist leider entgleist.

. . . .

Die Ankunft war um 13:00 Uhr. Die Abfahrt war um Viertel vor sechs.

. . . .

. . . .

Auf dem Bahnsteig elf waren viele Fahrgäste.

. . . .

. . . .

Sie wartete auf ihren Zug. Ihr seid erst um zwanzig vor zwölf losgefahren.

. . . .

. . . .

Wir hatten ein NRW-Ticket.

. . . .

Ich habe viele Güterzüge gesehen. Alle waren voll beladen.

. . . .

. . . .

Die Strecke zwischen . . . . und . . . . war gesperrt.

. . . .

Es gab einen technischen Fehler.

. . . .

Ich habe die Ansage nicht gehört.

. . . .

Die Reise war anstrengend.

. . . .

Mein Blatt

29 Nach einer Adresse fragen

Frage: Entschuldigung, darf ich eine Frage stellen?

. . . .

. . . .

Antwort: Ja.

. . . .

Frage: Wissen Sie, wo diese Straße ist?

. . . .

Ich habe keine Navigation mit.

. . . .

Antwort: Es tut mir leid. Ich bin auch fremd hier.

. . . .

. . . .

Sie können an der Tankstelle fragen. Sie können Ihnen bestimmt weiterhelfen.

. . . .

. . . .

Alle Tankstellen haben in der Regel einen Stadtplan.

. . . .

Frage: Würden Sie mir bitte helfen?

. . . .

Antwort: Ja, ich muss zuerst abkassieren.

. . . .

Frage: Wie kann ich Ihnen helfen?

. . . .

. . . .

Antwort: Ich suche diese Straße.

. . . .

Frage: Wie kann ich diese Adresse finden?

. . . .

. . . .

Antwort: Ich kann ohne meine Brille nicht lesen.

. . . .

. . . .

Ich muss meine Brille aufsetzen.

. . . .

Frage: Darf ich mir die Adresse angucken?

. . . .

Antwort: Ja, gerne.

. . . .

Frage: Sind Sie zu Fuß oder mit dem Auto unterwegs?

. . . .

. . . .

Antwort: Ich bin zu Fuß unterwegs. Ich habe keinen Führerschein und auch kein Auto.

. . . .

. . . .

Frage: Haben Sie eine Minute Zeit?

. . . .

Antwort: Ja, ich habe reichlich Zeit.

. . . .

Frage: Wissen Sie, wo das Schwimmbad ist?

. . . .

. . . .

Antwort: Nein, das weiß ich leider nicht.

. . . .

Sie müssen geradeaus gehen.

. . . .

An der zweiten Kreuzung gehen Sie rechts.

. . . .

. . . .

Nach ungefähr 100 Metern ist eine Bushaltestelle.

. . . .

. . . .

Die Bushaltestelle ist auf der rechten Seite.

. . . .

. . . .

Neben der Bushaltestelle ist auch ein Kino.

. . . .

. . . .

Vor dem Kino ist ein Parkplatz.

. . . .

Hinter der Bushaltestelle ist ein Schreibwarengeschäft.

. . . .

. . . .

Direkt gegenüber der Bushaltestelle muss das Haus sein.

. . . .

. . . .

Das ist ein Restaurant. Es ist ziemlich bekannt in dieser Stadt.

. . . .

. . . .

Frage: Kann man auch mit dem Bus fahren?

. . . .

. . . .

Antwort: Ja, Sie können den Fahrer fragen.

. . . .

. . . .

Sätze in den Vergangenheitsformen

Ich habe früher dort gewohnt.

. . . .

Ich habe die Adresse gefunden.

. . . .

Er hat uns den Weg beschrieben.

. . . .

Wir hatten eine Fahrkarte.

. . . .

Die Frau stand direkt vor dem Haus.

. . . .

Ich hatte keine Navigation.

. . . .

Wir sind aus dem Bus ausgestiegen.

. . . .

Der Bus war voll. Es gab keine freien Plätze.

. . . .

. . . .

Der Busfahrer fuhr langsam.

. . . .

Mein Blatt

30 Der Wochenplan

Frage: Hast du am Montag Zeit?

. . . .

Antwort: Ich habe meinen Wochenplan dabei.

. . . .

. . . .

Nein, ich habe am Montag überhaupt keine Zeit.

. . . .

. . . .

Frage: Was musst du machen?

. . . .

Antwort: Ich muss früh aufstehen.
Ich fahre mit dem Zug nach . . . .

. . . .

. . . .

Um 10:00 Uhr komme ich dann in . . . . an.

. . . .

Vom Hauptbahnhof muss ich mit der U-Bahn/mit der S-Bahn ins Zentrum fahren.

. . . .

. . . .

Ich muss um Viertel nach zwölf in der Firma sein.

. . . .

. . . .

Frage: Arbeitest du?

. . . .

Antwort: Nein, ich habe einen Termin.

. . . .

Ich habe ein Vorstellungsgespräch bei dem Arbeitgeber.

. . . .

. . . .

Es dauert ungefähr dreißig Minuten.

. . . .

Ich mache danach eine kurze Verschnaufpause.

. . . .

. . . .

Um 14:30 Uhr habe ich eine Verabredung mit meinem Onkel.

Erst gegen Abend fahre ich nach Hause zurück.

Am Dienstag bin ich von 6:00 bis 20:00 Uhr im Krankenhaus.

Frage: Geht es dir schlecht?

Antwort: Nein, mein Onkel liegt im Krankenhaus.

Er kann überhaupt kein Deutsch sprechen.

Ich muss ihn begleiten. Ich muss für ihn dolmetschen.

Frage: Ist er neu in Deutschland?

. . . .

Antwort: Nein, er ist eigentlich seit fünfzehn Jahren in der Bundesrepublik Deutschland.

. . . .

. . . .

Frage: Kann er sich immer noch nicht verständigen?

. . . .

. . . .

Antwort: Nein, er kann sich immer noch nicht verständigen.

. . . .

. . . .

Am Mittwoch, am Donnerstag und am Freitag bin ich bei meiner Schwester.

. . . .

. . . .

Am Samstag bin ich auf einer Feier.

. . . .

. . . .

Ich möchte am Sonntag einen stressfreien Tag verbringen.

. . . .

Frage: Hast du noch Fragen?

. . . .

Antwort: Nein, ich habe keine Fragen.

. . . .

Du stellst viele Fragen.

. . . .

Es tut mir leid.

. . . .

Mein Blatt

. . . .

. . . .

. . . .

. . . .

. . . .

. . . .

. . . .

. . . .

. . . .

. . . .

. . . .

. . . .

. . . .

. . . .

. . . .

. . . .

. . . .

. . . .

. . . .

. . . .

31 Das Festnetztelefon

Frage: Was kann ich für Sie tun?

. . . .

Antwort: Ich möchte bitte einen Vertrag abschließen.

. . . .

. . . .

Ich surfe ständig im Internet.

. . . .

Frage: Gibt es zurzeit irgendwelche Angebote?

. . . .

. . . .

Antwort: Es gibt verschiedene Angebote.

. . . .

Einige Angebote sind recht günstig, und die anderen sind etwas teurer.

. . . .

. . . .

Sie müssen außerdem wissen, was Sie überhaupt machen möchten.

. . . .

. . . .

Wenn Sie nur E-Mails schreiben, senden und/oder abrufen, können Sie ein preiswertes Angebot haben.

. . . .

. . . .

Wenn Sie Filme gucken, müssen Sie natürlich mehr bezahlen.

. . . .

. . . .

Sätze in den Vergangenheitsformen

Ich habe meine Telefonrechnung bekommen.

. . . .

. . . .

Er bekam eine Mahnung.

. . . .

Wir hatten kein Telefon.

. . . .

Mein Vater hat mit mir telefoniert.

. . . .

. . . .

Ihr habt eure Mutter angerufen.

. . . .

Das Telefongespräch hat zwanzig Minuten gedauert.

. . . .

. . . .

Er war nicht erreichbar.

. . . .

Die Verbindung ist abgebrochen.

. . . .

Wir haben die Telefonrechnung nicht rechtzeitig bezahlt.

. . . .

. . . .

Mein Blatt

. . . .

. . . .

. . . .

. . . .

. . . .

. . . .

. . . .

. . . .

. . . .

. . . .

. . . .

. . . .

. . . .

. . . .

. . . .

. . . .

. . . .

. . . .

. . . .

. . . .

32 Der Anruf

Frage: Bin ich mit ....
verbunden?

....

Antwort: Nein, er ist nicht da. Ich bin...................

....

Frage: Wann ist er wieder in seinem Büro?

....

....

Antwort: Er hat momentan kaum Zeit.

....

....

Er ist meistens unterwegs.

....

Er hat viele Aufträge.

....

Frage: Soll ich ihm etwas ausrichten?

....

....

Antwort: Das wäre sehr nett.

. . . .

Er soll mich bitte dringend anrufen.

. . . .

. . . .

Er hat auch meine Handynummer.

. . . .

Er kann mir auch eine E-Mail schreiben.

. . . .

Falls er mich nicht erreichen kann, kann er eine Nachricht hinterlassen.

. . . .

. . . .

Ich melde mich.

. . . .

Seine Bestellung ist da.

. . . .

Er muss unterschreiben.

. . . .

Ich habe auch einen Anrufbeantworter.

. . . .

Frage: Ist er telefonisch nicht erreichbar?

. . . .

Antwort: Doch, aber sein Handy ist meistens aus.

. . . .

. . . .

Frage: Hat er WhatsApp?

. . . .

Antwort: Nein, er hat keine Zeit.

. . . .

Sein Terminkalender ist voll.

. . . .

Er sieht kaum seine Familie.

. . . .

Sätze in den Vergangenheitsformen

Ich habe ihn angerufen.

. . . .

Er war nicht erreichbar.

. . . .

Ich habe Nachrichten hinterlassen.

. . . .

Ich habe mit seiner Kollegin gesprochen.

. . . .

. . . .

Sie hat meine Handynummer aufgeschrieben.

. . . .

. . . .

Er war nicht an seinem Arbeitsplatz.

. . . .

Seine Bestellung ist schon angekommen.

. . . .

Er musste unterschreiben.

. . . .

Es ging um seine Bestellung.

. . . .

Er hatte viele Aufträge.

. . . .

Er war überfordert.

. . . .

Mein Blatt

33 Meine Fragen zum Fußball

Frage: Was bedeutet WM?

. . . .

Antwort: WM bedeutet Weltmeisterschaft.

. . . .

. . . .

Frage: Was bedeutet EM?

. . . .

Antwort: EM bedeutet Europameisterschaft.

. . . .

Frage: Ist Deutschland bei der nächsten Weltmeisterschaft dabei?

. . . .

. . . .

Antwort: Ja, sicher. Deutschland hat doch eine starke Fußballmannschaft.

. . . .

. . . .

Frage: Wo findet die nächste WM statt?

. . . .

Antwort: Die nächste WM findet in. . . . . statt.

. . . .

Frage: Wann findet die nächste WM statt?

. . . .

Antwort: Die nächste WM findet im Juli statt.

. . . .

. . . .

Die nächste WM findet erst im nächsten Jahr statt.

. . . .

. . . .

Die Vorbereitungen laufen jetzt.

. . . .

Frage: Werden alle Spiele live übertragen?

. . . .

. . . .

Antwort: Ja, selbstverständlich. Das ist doch die Fußballweltmeisterschaft.

. . . .

. . . .

Frage: Welche Spieler sind bei dieser WM dabei?

. . . .

. . . .

Antwort: Das weiß ich auch nicht. Ich bin überfragt.

. . . .

. . . .

Ich bin doch kein Trainer.

. . . .

Frage: Können wir auch dahin gehen?

. . . .

Antwort: Das wäre schön. Das ist leider zu teuer.

. . . .

. . . .

Wir können uns das nicht leisten.

. . . .

Die Eintrittskarten sind teuer.

. . . .

Die Fußballstadien werden aber trotzdem überfüllt sein.

. . . .

. . . .

Wir gucken uns alle Spiele an.

. . . .

An diesem Samstag gibt es auch ein Fußballspiel.

. . . .

. . . .

Frage: Wer spielt gegen wen?

. . . .

Antwort: Deutschland spielt gegen Spanien.

. . . .

Frage: Spielt. . . . . auch?

. . . .

Antwort: Nein, er spielt leider nicht. Er ist verletzt.

. . . .

. . . .

Er ist mein Lieblingsspieler.

. . . .

Er ist ein Torjäger.

. . . .

Frage: Ist das ein Freundschaftsspiel?

. . . .

Antwort: Nein, das ist die EM-Qualifikation.

. . . .

. . . .

Frage: Wann ist der Anpfiff?

. . . .

Antwort: Der Anpfiff ist um . . . . Uhr

. . . .

Frage: Wie lange dauert das Spiel?

. . . .

Antwort: Die reguläre Spielzeit beträgt neunzig Minuten.

. . . .

. . . .

Ich gucke mir das Spiel an.

. . . .

Frage: Spielt . . . . auch nicht?

. . . .

Antwort: Nein, er hat eine rote Karte.

. . . .

Er ist gesperrt.

. . . .

Er ist manchmal aggressiv. Das ist doch schade.

. . . .

. . . .

Frage: Welche Mannschaft spielt besser?

. . . .

Antwort: Das weiß man nicht.

. . . .

Die deutsche Nationalmannschaft hat bessere Karten, das Spiel zu gewinnen.

. . . .

. . . .

Wir kaufen uns Sachen. Wir kaufen Getränke und Süßigkeiten.

. . . .

. . . .

Frage: Muss eine Mannschaft gewinnen?

. . . .

Antwort: Ja, eine Mannschaft muss gewinnen.

. . . .

Das Spiel wird verlängert.

. . . .

Das Spiel geht in die Verlängerung.

. . . .

Wer gewinnt, spielt im Viertelfinale.

. . . .

Es gibt vielleicht keine Verlängerung.

. . . .

Frage: Wie lange wird nachgespielt?

. . . .

Antwort: Der Schiedsrichter entscheidet das.

. . . .

. . . .

Eine Mannschaft muss nach diesem Spiel das Turnier verlassen.

. . . .

. . . .

Eine Mannschaft muss heute zurück.

. . . .

Das Halbfinale wird richtig spannend.

. . . .

Alles ist noch möglich.

. . . .

Frage: Wo findet das letzte Spiel statt?

. . . .

Antwort: Das letzte Spiel findet in. . . . . statt.

. . . .

Das Stadion ist modern und ziemlich groß.

. . . .

. . . .

Frage: Wer ist weltweit der beste Fußballer?

. . . .

. . . .

Antwort: .ist aus meiner Sicht der stärkste Spieler.

. . . .

. . . .

. . . .
ist der beste Torwart.

. . . .

. . . .
ist ein hervorragender Abwehrspieler.

. . . .

Mein Lieblingsspieler ist natürlich . . . .

. . . .

. . . .
ist der teuerste Mittelfeldspieler.

Mein Blatt

Sätze in den Vergangenheitsformen

Ich habe früher in einer Fußballmannschaft gespielt.

. . . .

. . . .

Ich hatte viele Fußballfreunde.

. . . .

Das Training hat zweimal in der Woche stattgefunden.

. . . .

. . . .

Unser Trainer war uns gegenüber verständnisvoll.

. . . .

. . . .

Wir haben uns auf dem Fußballplatz getroffen.

. . . .

. . . .

Wir haben viele Sponsoren gehabt.

. . . .

. . . .

Wir haben einige Spiele verloren.

. . . .

Er hat eine gelbe Karte bekommen.

. . . .

. . . .

Sein Verhalten war nicht angemessen.

. . . .

. . . .

Der Schiedsrichter hat ihn verwarnt.

. . . .

. . . .

Er hat den Elfmeter verschossen.

. . . .

Das Spiel wurde um sieben Minuten verlängert.

. . . .

. . . .

Ich habe mich in der ersten Halbzeit verletzt.

. . . .

. . . .

In der zweiten Halbzeit haben wir wesentlich besser gespielt.

. . . .

. . . .

Ich saß auf der Ersatzbank.

. . . .

Er wurde zwanzig Minuten vor dem Schluss eingewechselt.

. . . .

. . . .

Das Spiel wurde verschoben.

. . . .

Der. . . . . .Verein war kurz vor dem Abstieg.

. . . .

Das Fußballstadion war voll.

. . . .

Das war ein Freundschaftsspiel.

. . . .

Der Trainer wurde gefeuert.

. . . .

Er hat sich am Arm verletzt.

. . . .

Das Spiel wurde unterbrochen.

. . . .

Er hat sehr gut gespielt.

. . . .

Ich ging regelmäßig zum Training.

. . . .

Der Schiedsrichter hat um 10:00 Uhr angepfiffen.

. . . .

. . . .

Das Spiel ist friedlich abgelaufen.

. . . .

Die Fans haben ununterbrochen ihre Mannschaft unterstützt.

. . . .

. . . .

Wir haben zusammen Fußball geguckt.

. . . .

. . . .

Deutschland hat gegen England gespielt.

. . . .

. . . .

Die Weltmeisterschaft hat letztes Mal in . . . . stattgefunden.

. . . .

Diese WM hat mir sehr gut gefallen.

. . . .

. . . .

Deutschland hat in der ersten Gruppe gespielt.

. . . .

. . . .

Die erste Gruppe war aus meiner Sicht die beste.

. . . .

. . . .

In der Nachspielzeit hat. . . . . ein Tor geschossen.

. . . .

Das Spiel war langweilig.

. . . .

. . . .

Im Viertelfinale haben wir das Spiel für uns entschieden.

. . . .

. . . .

Das Finale fand in der Hauptstadt statt.

. . . .

. . . .

Er konnte sehr gut dribbeln.

. . . .

Die EM hat damals in . . . . stattgefunden.

. . . .

Wir haben damals den Pokal gewonnen.

. . . .

. . . .

Alle Spieler hatten ein sehr gutes Verhältnis zum Trainer.

. . . .

. . . .

Die Sportanzüge haben wir als Belohnung bekommen.

. . . .

. . . .

Das Spiel wurde live übertragen.

. . . .

Mein Blatt

34 Ein normaler Tag

Frage: Wann stehen Sie am Samstag auf?

Antwort: Ich stehe gegen 06:00 Uhr auf.

Frage: Stehen Sie am Samstag so früh auf?

Antwort: Ja. Wenn mein Sohn wach ist, muss ich auf ihn aufpassen.

Frage: Wie verbringen Sie die Zeit mit ihm?

Antwort: Ich bleibe zuerst eine Weile bei ihm.

Danach gehen wir zusammen ins Wohnzimmer.

. . . .

. . . .

Von halb sieben bis zehn nach acht sieht er fern.

. . . .

. . . .

Frage: Was machen Sie?

. . . .

Antwort: Ich sitze auch brav neben ihm.

. . . .

. . . .

Meine Frau steht meistens um fünf vor halb neun auf.

. . . .

. . . .

Erst dann gehe ich ins Badezimmer.

. . . .

Ich rasiere meinen Bart, putze meine Zähne, dusche mich und ziehe mich um.

. . . .

. . . .

Um 09:00 Uhr höre ich die Sportnachrichten.

....

....

Ich interessiere mich sehr für alle Sportnachrichten.

....

....

Um zwanzig vor zehn frühstücken wir in der Küche.

....

....

Frage: Was essen Sie zum Frühstück?

....

Ich esse Marmelade, Butter, Oliven, Schafskäse, Joghurt, Eier, Honig und Fladenbrot.

....

....

....

Meine Frau isst Schinken, Salami, Schwarzbrot, Brötchen, Leberwurst, gekochte Eier, Obst, Gemüse, gebratene Eier, Milchreis, Käse und Margarine.

....

....

....

Mein Sohn isst überwiegend Toastbrot. Er trinkt Kakao.

Er schmiert Kakao auf sein Brot. Er ist neugierig.

Er mischt sich überall ein.

Er übertreibt manchmal.

Bei schönem Wetter essen wir auf dem Balkon, wir genießen das.

Am Vormittag verbringen wir unsere Zeit im Garten, trinken Kaffee und unterhalten uns.

Wir sprechen immer über verschiedene Themen.

Wir sind uns selten einig, aber wir streiten uns trotzdem nie.

. . . .

. . . .

Wir tauschen gegenseitig Erfahrungen aus.

. . . .

. . . .

Während wir uns unterhalten, spielt unser Sohn meistens im Garten.

. . . .

. . . .

Unser Sohn stört uns nicht. Er beschäftigt sich mit seinen Spielzeugen.

. . . .

. . . .

Am Nachmittag grillen wir. Wir teilen uns die Aufgaben.

. . . .

. . . .

Mein Blatt

35 Die Brille

Frage: Was Kann ich für Sie tun?

. . . .

. . . .

Antwort: Ich habe Schwierigkeiten beim Lesen.

. . . .

. . . .

Frage: Haben Sie schon eine Brille oder Kontaktlinsen getragen?

. . . .

. . . .

Antwort: Nein.

. . . .

Frage: Sehen Sie mit beiden Augen gleich schlecht?

. . . .

. . . .

Antwort: Das kann ich schlecht beurteilen.

. . . .

. . . .

Ich möchte erst mal Ihre Sehkraft messen.

. . . .

. . . .

Frage: Bei welchen Tätigkeiten werden Sie die Brille hauptsächlich nutzen?

. . . .

. . . .

Antwort: Ich helfe meinem Sohn/meiner Tochter bei den Hausaufgaben.

. . . .

. . . .

Ich arbeite vormittags im Büro. Ich muss manchmal meine Briefe schreiben.

. . . .

. . . .

Frage: Aus welcher Entfernung lesen Sie?

. . . .

. . . .

Antwort: Das kann ich Ihnen nicht genau sagen.

. . . .

. . . .

Frage: Kann ich dann mit der Brille besser lesen?

. . . .

. . . .

Antwort: Mit der Brille werden Sie besser sehen.

. . . .

. . . .

Frage: Kann ich mir eine Fassung aussuchen?

. . . .

. . . .

Antwort: Ja, selbstverständlich. Wir haben verschiedene Fassungen.

. . . .

. . . .

Wir haben Fassungen aus Metall und auch aus Kunststoff.

. . . .

. . . .

Die Fassungen aus Metall sind natürlich teurer.

. . . .

. . . .

Wir haben auch Fassungen zum Nulltarif. Wir haben auch kostenlose Fassungen.

. . . .

. . . .

Ich nehme diese Fassung.

. . . .

Frage: Wann kann ich die Brille abholen?

. . . .

. . . .

Antwort: Das kann man schlecht abschätzen.

. . . .

. . . .

Wir haben Ihre Telefonnummer. Wir melden uns.

. . . .

. . . .

Frage: Wie lange habe ich eine Garantie auf die Brille?

. . . .

. . . .

Antwort: Sie haben . . . . Jahre Garantie auf die Brille.

. . . .

Sollte etwas mit der Brille nicht in Ordnung sein, rufen Sie uns an.

. . . .

. . . .

Mein Blatt

. . . .

. . . .

. . . .

. . . .

. . . .

. . . .

. . . .

. . . .

. . . .

. . . .

. . . .

. . . .

. . . .

. . . .

. . . .

. . . .

. . . .

. . . .

. . . .

. . . .

36 Auf einer Feier

Frage: Ist das nicht eine gute Überraschung?

. . . .

Antwort: Ja, Simon ist auch da.

. . . .

Ich suche dich die ganze Zeit.

. . . .

Frage: Wie sieht es aus?

. . . .

Antwort: Es sieht nicht schlecht aus.

. . . .

. . . .

Es freut mich, dass ich endlich in Deutschland bin.

. . . .

. . . .

Aber ich denke an meine Familie.

. . . .

. . . .

Frage: Ist deine Familie immer noch im Heimatland?

. . . .

. . . .

Antwort: Nein, meine Familie ist auch in Deutschland.

. . . .

. . . .

Wir wohnen nicht zusammen.

. . . .

Ich wohne im Norden und meine Familie wohnt im Süden.

. . . .

. . . .

Meine Eltern wohnen im Osten. Mein Bruder wohnt im Westen.

. . . .

. . . .

Ich wohne direkt an der Grenze zu . . . .

. . . .

Ich telefoniere mit meiner Frau.

. . . .

. . . .

Wir haben auch WhatsApp.

. . . .

Ich vermisse meine Kinder.

. . . .

Sie gehen mittlerweile zum Kindergarten.

. . . .

. . . .

Meine Frau kann kein Deutsch sprechen.

. . . .

. . . .

Sie beschwert sich.

. . . .

Ich besuche sie ab und zu.

. . . .

Ich beruhige sie.

. . . .

37 Die Hochzeit

Frage: Wann soll die Hochzeitsfeier stattfinden?

Antwort: Im nächsten Sommer soll die Hochzeitsfeier stattfinden.

Ich miete einen großen Saal.

Frage: Wer macht unsere Einladungskarten?

Antwort: Mein Bruder macht unsere Einladungskarten.

Frage: Wer kauft die Verlobungsringe?

Antwort: Meine Schwiegereltern kaufen unsere Verlobungsringe.

. . . .

. . . .

Deine Schwester kauft alle Dekoartikel.

. . . .

. . . .

Frage: Kennst du eine Musikgruppe?

. . . .

. . . .

Antwort: Ja, ich kenne eine sehr bekannte Musikgruppe.

. . . .

. . . .

Frage: Was braucht man eigentlich alles?

. . . .

. . . .

Antwort: Für die Eheschließung brauchen wir Trauzeugen.

. . . .

. . . .

Für den Polterabend brauchen wir einen kleinen Saal.

. . . .

. . . .

Ich muss noch Klamotten für mich kaufen.

. . . .

. . . .

Ich brauche einen schwarzen Anzug, eine Krawatte, ein Hemd, Unterwäsche, einen Kamm, Parfüm und einen Blumenstrauß.

. . . .

. . . .

Wir kaufen ein Brautkleid.

. . . .

Wir wollen im Freundeskreis feiern.

. . . .

Wir verbringen unsere Flitterwochen in . . . .

. . . .

Wir müssen zum Standesamt gehen.

. . . .

. . . .

Wir bekommen unsere Heiratsurkunde und unser Familienbuch.

. . . .

Wir müssen unsere Personalausweise und unsere Geburtsurkunden mitnehmen.

. . . .

Mein Blatt

Sätze in den Vergangenheitsformen

Wir haben geheiratet.

. . . .

Wir haben einen großen Saal gemietet.

. . . .

. . . .

Zahlreiche Parkplätze standen zur Verfügung.

. . . .

. . . .

Das Brautpaar saß neben der Musikgruppe.

. . . .

. . . .

Die Bühne war dekoriert.

. . . .

Die Einladungskarten haben wir verteilt und per Post verschickt.

. . . .

. . . .

Wir haben auch eine Firma beauftragt, die alles vorbereitete.

....

....

Der Saal war sehr gut ausgestattet.

....

....

Wir haben unsere Gäste freundlich empfangen.

....

....

Wir haben Servietten bestellt.

....

Die Musikgruppe war bekannt. Der Sänger war berühmt.

....

....

Er hatte einen guten Ruf.

....

Alle Musikinstrumente waren neu.

....

....

Die Musik war aber laut.

. . . .

Das Brautkleid kostete. . . . . Euro.

. . . .

Der Bräutigam hatte einen schwarzen Anzug an.

. . . .

. . . .

Der Saal war sehr gut beleuchtet.

. . . .

. . . .

Direkt vor dem Eingang gab es eine Imbissstube.

. . . .

. . . .

Wir haben auch Kuchen, Getränke und Süßigkeiten bestellt.

. . . .

. . . .

Ihr habt auch zwanzig Kisten Bier bestellt.

. . . .

. . . .

Der Sänger hat ganz toll gesungen.

. . . .

. . . .

Fürs Essen haben wir nichts bezahlt.

. . . .

. . . .

Der Kameramann hatte zwei Kameras, einen Fernseher und einen Mischer.

. . . .

. . . .

Der Fotograf machte tolle Fotos.

. . . .

. . . .

Einige Gäste waren betrunken.

. . . .

. . . .

Wir haben unsere Bekannten, unsere Freunde und unsere Verwandten eingeladen.

. . . .

. . . .

Wir haben unsere Einladungskarten per Post verschickt.

. . . .

. . . .

Wir sind zur Druckerei gegangen und haben vierhundert Einladungskarten bestellt.

. . . .

. . . .

Auf der Hochzeit habe ich meinen Freund aus dem Heimatland getroffen.

. . . .

. . . .

Ich habe meinen Traum realisiert.

. . . .

. . . .

Schon vor der Hochzeit hatten wir unsere Wohnung.

. . . .

. . . .

Wir waren ein Jahr verlobt.

. . . .

Ich habe mich in ihn verliebt.

. . . .

Sie war meine Traumfrau.

. . . .

Ich habe mich in sie verliebt.

. . . .

Sie hat sich in ihn verliebt.

. . . .

Er/Sie hat mein Herz erobert.

. . . .

. . . .

Meine Schwiegermutter hat sich traditionell angezogen.

. . . .

. . . .

Mein Cousin und meine Cousine haben den Saal dekoriert.

. . . .

. . . .

Mein Onkel und meine Tante haben alles organisiert. Sie haben Getränke verteilt.

. . . .

. . . .

. . . .

Wir haben uns auf einer Party kennengelernt.

. . . .

. . . .

Unsere Gäste bedienten sich. Es gab eine Raucher-Ecke.

. . . .

. . . .

Das hat echt Spaß gemacht. Wir haben uns amüsiert.

. . . .

. . . .

Die Sängerin sang und tanzte.

. . . .

Die Zeit ist schnell vergangen.

. . . .

Alle Gäste haben uns beglückwünscht und gratuliert.

. . . .

. . . .

Ich habe meinen Hochzeitstag nie vergessen.

. . . .

. . . .

Wir haben gefeiert, getanzt und getrunken.

....

....

Die Verlobungsringe haben wir als Geschenk bekommen.

....

....

Meine Schwiegereltern haben uns finanziell geholfen.

....

....

Wir hatten letzte Woche unsere silberne Hochzeit.

....

....

Wir luden unsere Kinder, unsere Freunde und unsere Enkelkinder ein.

....

....

Du hast viel getrunken. Du warst betrunken.

....

....

Wir hatten viele Hochzeitsfotos.

. . . .

Wir sind zum Standesamt gegangen und haben unsere Heiratsurkunde gemacht.

. . . .

. . . .

Der Trauzeuge war bei der Eheschließung auch anwesend.

. . . .

Wir haben einander das Jawort gegeben.

. . . .

. . . .

Wir haben getrennt gelebt.

. . . .

Ich war glücklich/unglücklich.

. . . .

Er hatte eine konfliktlose Ehe.

. . . .

Sie ist geschieden. Sie war nicht glücklich.

. . . .

. . . .

Ich suchte einen Partner. Er suchte eine Partnerin.

. . . .

. . . .

Meine Lebensgefährtin hatte keine Kinder aus der ersten Ehe.

. . . .

. . . .

Wir haben unsere Kinder kirchlich getauft.

. . . .

. . . .

Wir hatten keine Kinder und haben ein Kind adoptiert.

. . . .

. . . .

Das Adoptionsverfahren war kompliziert.

. . . .

. . . .

Wir haben uns immer gestritten.

. . . .

. . . .

Die Ehe verlief harmonisch und gewaltfrei.

. . . .

Wir haben gemeinsame Kinder.

. . . .

. . . .

Unsere Kinder waren fleißig.

. . . .

Sie waren respektvoll und anständig.

. . . .

. . . .

Minderjährige Kinder hatten wir nicht mehr.

. . . .

. . . .

Alle waren volljährig.

. . . .

Sie wohnten früher bei uns.

. . . .

Mein Blatt

Mein Blatt

38 Zwei Rentner

Frage: Arbeiten Sie immer noch?

. . . .

. . . .

Antwort: Nein, ich bin seit Januar Rentner.

. . . .

. . . .

Meine Arbeitskollegen haben eine Abschiedsfeier organisiert.

. . . .

. . . .

Die Abschiedsfeier soll im Juni stattfinden.

. . . .

. . . .

Frage: Warum feiern Sie erst im Juni?

. . . .

. . . .

Antwort: Das Wetter ist im Februar meistens unangenehm.

. . . .

. . . .

Im März bleibt unser Betrieb geschlossen.

. . . .

Im April ist unser Chef auf einer Dienstreise im Ausland.

. . . .

. . . .

Er kommt erst im Mai, und wir feiern im Juni.

. . . .

. . . .

Frage: Was möchten Sie danach machen?

. . . .

Antwort: Ich möchte im Juli und im August nichts unternehmen.

. . . .

. . . .

Im September, im Oktober und im November bin ich in meinem Heimatland.

. . . .

. . . .

Ich komme im Dezember wieder zurück.

. . . .

. . . .

Das Wetter ist im Herbst herrlich.

. . . .

Der Sommer ist bei uns unerträglich.

. . . .

Ich schwitze ständig. Die Temperaturen erreichen manchmal eine Höhe von vierzig Grad Celsius.

. . . .

. . . .

Frage: Haben Sie für das nächste Jahr auch was vor?

. . . .

. . . .

Antwort: Ja, ich mache auf jeden Fall wieder eine Weltreise.

. . . .

. . . .

Ich bin im nächsten Winter in Asien. Ich bin im Frühling auf einer Insel.

. . . .

. . . .

Asien ist ein interessanter Kontinent.

. . . .

. . . .

Ich möchte mein Leben genießen.

. . . .

. . . .

Sätze in den Vergangenheitsformen

Ich habe genug gearbeitet.

....

Es regnete im Winter. Es hat immer geregnet.

....

....

Ich hatte selten meinen Regenschirm dabei.

....

....

Es war warm.

....

Unsere Kinder freuten sich. Es gab manchmal Überschwemmungen.

....

....

Es war immer windig, und ich musste mich warm anziehen.

....

....

Es gab auch Graupelschauer.

. . . .

Das Hochwasser machte zahlreiche Häuser und Gärten kaputt.

. . . .

. . . .

Wir haben einander geholfen.

. . . .

Mein Blatt

. . . .

. . . .

. . . .

. . . .

. . . .

. . . .

. . . .

. . . .

. . . .

. . . .

. . . .

. . . .

. . . .

. . . .

. . . .

. . . .

. . . .

. . . .

. . . .

. . . .

Der Autor

Mahmud Majid wurde 1967 in Mezkeft, Syrien, geboren und lebt heute in Deutschland. Er ist Gymnasiallehrer von Beruf und beherrscht die Sprachen Deutsch, Kurdisch und Arabisch. Er ist verheiratet und hat fünf Kinder.